La resistencia contra los nazis

ROBIN
BOOK

Hervé Barre

La resistencia contra los nazis

HISTORIA
BÉLICA

© 2013, Hervé Barre.
© 2014, Ediciones Robinbook, s. l., Barcelona.

Diseño de cubierta: Regina Richling.
Fotografía de cubierta: Archivo GP images.
Realización editorial: ebc, serveis editorials.
Maquetación: Montse Gómez Lao.

ISBN: 978-84-9917-355-9

Depósito legal: B-4720-2014

Impreso por Gràfiques Cromo Quatre, c/ Amílcar, 80, 08032 Barcelona

Impreso en España - *Printed in Spain*

*A todos aquellos que dejaron su vida
en favor de la libertad de los pueblos.*

*¿Cuándo se nos concederá el privilegio
de respirar aire fresco?*

ANA FRANK

Introducción

Este libro pretende contar varias historias, algunas terribles, otras esperanzadoras, pero todas de gran humanidad, que giran en torno a la resistencia; historias que tuvieron por marco una sociedad enloquecida que vivía al borde del abismo. Al leerlas nos damos cuenta de que la guerra consigue sacar de cada uno de nosotros lo mejor y lo peor, y que cuando ya parece que no hay solución, cuando creemos que todo es irreversible, cuando todo se hunde, cuando no hay esperanza... entonces, a veces, muchas veces, siempre hay alguien dispuesto a echar una mano, dispuesto a jugársela por sus semejantes. De hecho, eso fue la resistencia: una organización que echaba una mano, casi siempre a los que ya no podían más, y una organización que se la jugaba por sus semejantes. Fue una resistencia física, pero también psíquica; y no solo, aunque por supuesto también, armada o encaminada a las actividades de sabotaje para minar la moral del enemigo. Así pues, este libro no aspira a ofrecer una visión más o menos exhaustiva de la resistencia durante la Segunda Guerra Mundial ni tampoco pretende estudiar este fenómeno, sino que se limita a contar historias en torno a ella, algo que, quizá, acerque más a la realidad que se pretende evocar de un modo más eficaz y directo que un libro de historia más o menos convencional.

Muchas acciones de la resistencia se cuentan entre los poquísimos episodios realmente heroicos de la guerra si es que en los hechos bélicos hay algo de heroico. De hecho, en muchas ocasiones, vivir ya era un acto heroico y un ejemplo de resistencia, pues el enemigo lo que pretendía era la muerte, aunque fuera la muerte en vida, de lo que no faltaron ejemplos en la Segunda Guerra Mundial, pero lo sustancial era vivir, esperar un futuro que necesariamente tenía que ser mejor.

A menudo pensamos en la resistencia como un puñado de personas o un conjunto de grupos más o menos organizados que realizan sabotajes o se enfrentan al enemigo de un modo casi desesperado, como si no les importara perder la vida en aras de un ideal de liberación. También pensamos en la resistencia de los grupos armados escondidos en los montes, en la guerrilla urbana, en revueltas, en emboscadas, en escaramuzas... pero lo más importante fue el hacer frente a la derrota, el responder con orgullo a los atropellos, en reivindicar la dignidad. Eso fue realmente lo más importante de la resistencia, sin pretender, en absoluto, minimizar los éxitos de acciones armadas y de sabotaje, que fueron muchos y los hubo de una importancia trascendental para el devenir del conflicto. A este respecto, y por citar solamente un ejemplo entre otros muchos, el desembarco de Normandía hubiera sido una cosa bien distinta sin la resistencia, pero también es verdad que una persona, al bajar del tren que llega a Auschwitz, de noche, aterrorizada, sin saber dónde está ni qué hacer, y encuentra una mano amiga, alguien dispuesto a acompañarla en su cautiverio, ahí, en esa acción, también hay un acto heroico de resistencia. Y actos como este se organizaron, como se organizaba la colocación de una mina al paso de un convoy alemán que debía saltar por los aires. También era un acto heroico repartir octavillas e incluso sonreír cuando se malvivía en un campo de exterminio. Sin duda, una sonrisa en un marco tan terrible debió de animar a los compañeros a sonreír, a entender que era posible salir de allí, a resistir. Así pues, aquí encontraremos historias de la resistencia, no una historia de la resistencia, no un ensayo sobre la resistencia ni un análisis de su importancia y trascendencia. Tan solo historias, las que protagonizan personas como cualquiera de nosotros, historias en las cuales usted o yo probablemente nos hubiéramos visto envueltos. Historias que son ejemplos de compromiso con una causa pero también historias que nos hablan de afecto por nuestros semejantes. Por supuesto que había causas por las que luchar, por las que resistir. Causas nobles, sin duda. Combatir al ocupante en Francia, en Grecia, en Holanda o donde fuera necesario era vital y, en esencia, era la auténtica causa de la resistencia. De hecho, si hay algo en común entre los distintos movimientos de resistencia es la oposición frontal al totalitarismo y a las injusticias que de él se derivan. Pero también es verdad que ver cómo aviones aliados lanzan sobre la Francia ocupada centenares de copias de un poema de Paul Éluard es un acto que animaba a la resistencia, a cada uno de los resistentes, a que cada persona que sufría sintiera que no estaba sola en un mundo que parecía haber perdido la cordura y haberse entregado a la barbarie. Sin duda, la resistencia marcó el desarrollo de la guerra, a veces tanto o más que los hechos bélicos, al igual que también marcó el futuro de cada persona que se vio envuelta en las historias que aquí relatamos. Hubo un antes y un después en la vida de los que aquí vamos a conocer a través de estas historias. El guardián de Ravensbrück que se encuentra, ya pasada la guerra, con una de sus prisioneras y le pide perdón quedó marcado de por vida por su experiencia en el campo. Tanto, obviamente, como la prisionera, la cual, como veremos, no solo le concedió el perdón sino que reconoció que tras el «largo momento [en que] nos estrechamos las manos, el antiguo guardia y la antigua prisionera [...], nunca antes había sentido tan intensamente el amor de Dios como lo sentí en aquel momento».

Incluso la memoria de un país puede estar marcada por la resistencia frente al invasor más allá de los homenajes que se hagan a los protagonistas de hechos de armas que se inscriben dentro del conflicto bélico. Ciertamente, es habitual encontrarse con nombres de militares más o menos destacados en la Segunda Guerra Mundial en calles, plazas, escuelas e instituciones en buena parte de Europa. Pero, y solo por citar el ejemplo francés, en Francia no hay —como veremos en una de nuestras historias— ni una sola referencia a Pétain en población alguna, por pequeña que sea, y tampoco en ninguna institución; en cambio, no es extraño hallar muestras de memoria de héroes de la resistencia. Veremos que es algo fácilmente comprensible.

HERVÉ BARRE

1

Héroes, villanos y otros personajes

En una guerra hay de todo: héroes y villanos, pero también personajes quizá inclasificables o contradictorios. Aquí repasamos la personalidad y la actividad de algunos de ellos. Todos, de un modo u otro, fueron actores, principales o secundarios, de un momento histórico muy concreto.

De Gaulle, Moulin y Pétain

La trayectoria durante la Segunda Guerra Mundial de estos tres personajes históricos, tan distintos entre sí pero unidos por los avatares de la contienda y de la resistencia en Francia, resulta sumamente aleccionadora e ilustrativa si se pretende comprender qué pasó en aquel periodo histórico tan convulso. Saber qué fue y cómo se desarrolló la resistencia en Francia sin aludir a ellos es imposible. También es verdad que ellos no fueron los únicos; es evidente, la historia, cualquier historia, es una realidad en la que confluyen muchísimos personajes. Así pues, dado que hubo algunos otros importantes además de estos que destacamos, también a ellos nos referiremos. El siniestro Klaus Barbie, el no menos siniestro Francisco Franco, un héroe como Charles

Klaus Barbie, el carnicero de Lyon.

Delestraint e incluso todo un premio Nobel (por cierto, de literatura «por su maestría en la descripción histórica y biográfica así como por su brillante oratoria en defensa y exaltación de los valores humanos») como Winston Churchill también tendrán un lugar en esta nuestra primera historia en torno a la resistencia.

De hecho, para muchos la resistencia empezó realmente el 18 de junio de 1940 con el manifiesto que el general Charles de Gaulle pronunció en Londres. Por entonces, De Gaulle estaba prácticamente solo y en Francia la resistencia era poco más que un conjunto de acciones aisladas, sabotajes más o menos afortunados cuya respuesta por parte de los alemanes era una mayor represión, a menudo indiscriminada. La proclama de De Gaulle animó a muchos a implicarse en la resistencia y ello llevó consigo una mayor organización. Sus arengas diarias desde Londres a partir de esta del 18 de junio de 1940 eran cada día más escuchadas en Francia y era cada vez mayor su influencia entre la población francesa.

De Gaulle se dirige a todos los franceses.

Este es el texto de ese primer mensaje dirigido a los franceses desde los micrófonos británicos:

Los oficiales que desde hace varios años están al mando del ejército han formado un gobierno. Ese gobierno, alegando la derrota de nuestro ejército, ha establecido comunicación con el enemigo para lograr el cese de los combates. Por supuesto, hemos sido y estamos hundidos por la fuerza mecánica, terrestre y aérea del enemigo. Infinitamente superiores en número, los tanques, los aviones y la táctica de los alemanes nos han hecho retroceder y han sorprendido a nuestros mandos hasta el extremo de llevarlos a la situación en la que hoy se encuentran. Pero, ¿se ha dicho la última palabra? ¿La esperanza debe desaparecer? ¿La derrota ya es definitiva? ¡No! Créanme a mí, que les hablo con conocimiento de causa y les digo que nada está perdido para Francia. Los mismos medios que nos han vencido pueden darnos la victoria. ¡Francia no está sola! ¡No está sola! Tiene un vasto imperio de su lado, puede formar bloque con el Imperio británico que domina el mar y continúa la lucha, y puede como Inglaterra, utilizar sin límites la inmensa industria de los Estados Unidos.

Esta guerra no se limita al triste territorio de nuestro país. Esta guerra no se decidió en la batalla de Francia. Esta guerra es una guerra mundial. Todos los errores, todos los retrasos, todos los sufrimientos no impiden que haya, en el universo, todos los medios necesarios para aplastar un día a nuestros enemigos. Aplastados hoy por la fuerza mecánica, nosotros podemos vencer en el futuro con una fuerza mecánica superior. El destino del mundo está en juego.

Yo, el general De Gaulle, actualmente en Londres, invito a los oficiales y soldados franceses que se encuentren en territorio británico a que se nos unan, con sus armas o sin ellas. Invito a los ingenieros y a los obreros especialistas de la industria del armamento que se hallen en territorio británico a ponerse en contacto conmigo.

Pase lo que pase, la llama de la resistencia francesa no debe apagarse y no se apagará.

Mañana, igual que hoy, hablaré por la radio de Londres.

Este mensaje emitido por los estudios londinenses de la BBC a las diez de la noche, y que había sido grabado cuatro horas antes, se dirigía a la población francesa llamándola a la resistencia y a la solidaridad de los británicos. Asimismo, animaba a creer en la victoria aliada al tiempo que era una clara condena del vergonzoso armisticio que Pétain pidió a los alemanes tan solo un día antes. Ese día del armisticio, el 17 de junio, Pétain —que había sido embajador de Francia en España desde el 2 de marzo de 1939 al 17 de mayo de 1940—, gracias a la intermediación del general Francisco Franco —uno de sus referentes políticos y, curiosamente, con el paso de los años, alguien a quien el mismísimo De Gaulle respetaba— pudo encontrarse con representantes del Reich para saber «cuáles eran sus condiciones de paz». Acerca de estas «condiciones de paz», el historiador Henri Bernard escribió: «El material de guerra es entregado a los alemanes. La flota y los aviones militares solo son desarmados y almacenados. Sin embargo, una parte de la marina puede quedar en actividad en las zonas de ultramar con el fin de preservarlas de la captura de los británicos. Entran en funciones comisiones de control germano-italianas en la Francia no ocupada y en África del Norte. Francia habrá de sostener un ejército de ocupación de cuatrocientos mil alemanes, lo que le costará trescientos millones de francos diarios. Las fuerzas propias quedan reducidas a cien mil hombres en el territorio metropolitano. Quedan en calidad de rehenes los prisioneros franceses —un millón y medio— hasta la firma de la paz. Esto es lo que Pétain califica de *condiciones de armisticio sobre las que nos hemos puesto de acuerdo con honor, entre soldados*».

Paul Reynaud, primer ministro de Francia, fue detenido por la policía de Vichy y entregado a los alemanes.

Para De Gaulle, igual que para la inmensa mayoría de los franceses y para los aliados, se trataba de una capitulación impuesta, prácticamente de una rendición incondicional. La negociación por parte de Pétain debió de ser nula y probablemente aceptó sin rechistar las condiciones alemanas, que en absoluto beneficiaban a Francia. Además, ello suponía que las ciudades con más de veinte mil habitantes se declararan «ciudades abiertas», es decir, que, ante un posible ataque, esas ciudades se rendirían y así sus habitantes y su patrimonio quedarían a salvo. Una condición que supone que los ataques alemanes no tendrían respuesta y que el ejército alemán podría campar a sus anchas sin hallar resistencia. Al menos, eso era lo que pretendían las instancias oficiales, pero la realidad fue muy distinta. Hubo «ciudades abiertas», como Lyon, que fueron auténticas puntas de lanza de la resistencia y los nazis lo reconocieron y pusieron su maquinaria represora en marcha para atajarlo lo antes posible, y como muestra en el caso concreto de Lyon basta citar quien estaba al frente de la Gestapo en la ciudad, Klaus Barbie. Vale la pena que nos detengamos un momento en la figura de este personaje.

Durante los veintiún meses que estuvo en su puesto en Lyon mandó a unas siete mil quinientas personas a los campos de concentración, ordenó el asesinato de casi cuatro mil quinientas personas y el arresto y tortura de más de catorce mil miembros de la resistencia, de opositores o judíos. Se dice que cuando tomó posesión de su puesto en Lyon declaró: «He venido para matar». Curiosamente, con este historial y tras la victoria aliada, al término de la guerra trabajó para la inteligencia británica y para la CIA. Estas dos organizaciones aprovecharon su experiencia en la represión en Lyon para sofocar la resistencia de amplios sectores de la izquierda durante la ocupación británica y norteamericana de Alemania. Pasados seis años, en 1951, prescindieron de sus servicios, y Barbie pudo huir a Sudamérica gracias a las rutas que había organizado entonces el Vaticano para que los criminales de guerra nazis pudieran escapar de los juicios que les correspondían por sus graves delitos. Rutas conocidas como *líneas de ratas*, significativa designación. Al igual que el régimen de Franco gozó del apoyo, a veces explícito, otras implícito, de las democracias occidentales, no solo dos de los gobiernos que lideraron el bando aliado sino también el Vaticano, dieron cobertura a Barbie. En Bolivia se dedicó al narcotráfico y hasta llegó a participar en un golpe de Estado. Incluso existen motivos fundados para creer que el asesinato de Ernesto «Che» Guevara fue llevado a cabo gracias a un plan concebido por Klaus Barbie.

Pero volvamos a nuestra historia tras este paréntesis. Precisamente un día antes de la rendición de Pétain, De Gaulle partió a Londres para asumir el mando de la llamada Francia libre. El objetivo de De Gaulle no era crear un ejército para luchar al lado de los británicos sino mantener a Francia activa en los campos de batalla contra los alemanes, además de crear una especie de gobierno o Estado paralelo soberano y legítimo ante la rendición de Pétain y la práctica inexistencia de un ejército realmente francés a las órdenes de este. Al empezar el verano de 1940, De Gaulle se puso en marcha y, con un grupo de voluntarios, formó las bases de la marina, la aviación, las fuerzas terrestres y el servicio de información franceses. La Francia libre disponía también de un estatus jurídico —con relaciones preferentes con el gobierno británico fijadas asimismo jurídicamente—, de una banda e incluso de sus propias condecoraciones. El crecimiento del ejército de la Francia libre pudo cumplir el anhelo de De Gaulle: garantizar la presencia de unas tropas realmente francesas en el campo de batalla.

La actividad de De Gaulle en Londres no pasó inadvertida para el gobierno de Pétain y fue condenado dos veces a penas de cárcel y perdió la nacionalidad francesa por el régimen de Vichy, hasta que el 2 de agosto fue condenado a muerte por el tribunal militar de Clérmont-Ferrand. Asimismo, fue degradado militarmente y le fueron confiscados sus bienes muebles e inmuebles en Francia. Se le acusó de traición, de atentar contra la seguridad del Estado y de deserción en tiempo de guerra. Este último cargo revestía especial gravedad por el hecho de hallarse en un territorio que también estaba en guerra. De Gaulle obtuvo el apoyo del Parlamento británico y de Churchill, el entonces primer ministro recién nombrado tras la dimisión el 10 de mayo de 1940 de Neville Chamberlain. Winston Churchill, ya antes de la guerra, había advertido a la opinión pública británica acerca del peligro que suponía el ascenso de Hitler al poder en Alemania pero no se le dio mayor importancia y ello se consideró un asunto interno germano. Churchill tenía claro desde el primer momento que no aceptaría un armisticio con los alemanes como sí lo aceptó Pétain. Al igual que De Gaulle, Churchill se dirigía con frecuencia a sus conciudadanos desde la radio y, al igual que él, los animaba a la resistencia activa. Durante la guerra, el pueblo británico le apoyaba mayoritariamente, algo importante desde el principio de la actividad de De Gaulle, en Londres ya que este también se benefició de las simpatías de la opinión pública británica por la causa francesa. Fue entonces cuando Churchill firmó el acuerdo de Chequers, según el cual, el Reino Unido se comprometía a salvaguardar la integridad de todas las posesiones francesas y «la restauración integral de la independencia» de Francia. Con todo, las relaciones personales entre De Gaulle y Churchill no fueron del todo cordiales. Ambos compartían objetivos comunes y tenían un mismo enemigo, eran aliados incondicionales, pero el nacionalismo del militar francés —además de su anglofobia ya conocida, que él mismo manifestó en años anteriores y que probablemente Churchill recordaba a diferencia de una parte de la opinión pública británica— chocaba con el deseo del premier inglés de luchar juntos independientemente de si se trataba de ejércitos distintos. En cierta ocasión, en el curso de una acalorada discusión entre ambos, Churchill le dijo: «Pero usted no es Francia. Usted representa a la Francia combatiente, lo hemos consignado por escrito». La respuesta de De Gaulle fue: «Yo actúo en nombre de Francia. Lucho al lado de Inglaterra pero no por cuenta de Inglaterra. Yo hablo en nombre de Francia y soy responsable ante ella». Churchill estaba convencido, tal como le dijo entonces, «que lucharíamos codo a codo, pero mis esperanzas se han esfumado porque sois tan combativo que no estáis contento de luchar contra Alemania, Italia y Japón, sino que además queréis luchar contra Inglaterra y América». A lo que De Gaulle respondió: «Me lo tomo como una broma pero no una broma del mejor gusto. Si hay un hombre del cual los ingleses no se pueden quejar, ese soy yo». Recordemos una frase célebre de De Gaulle que explica su postura de aquellos años: «Francia no tiene amigos, solo intereses».

Entretanto, en Francia, la resistencia iba creciendo. El 15 de diciembre de 1940, un grupo de estudiantes difunden el primer número de un periódico que tendría gran importancia más adelante en el país: *Resistencia*. En él podía leerse: «Ayer, desconocidos unos de otros, independientes, sin haber participado nunca en las querellas de los partidos de antaño ni en las asambleas ni en los gobiernos, franceses y nada más que franceses, solo tenemos una ambición, una pasión y una voluntad: hacer renacer una Francia pura y libre». De hecho, en este texto no percibimos un programa político identificado con tal o cual ideología, pero sí una lucha común a toda la resistencia que es el antitotalitarismo y un cierto orgullo nacional por encima de disensiones políticas. También es cierto que la resistencia adolecía de falta de, por llamarlo de algún modo suficientemente explícito, «profesionalidad», y las indiscreciones podían ser tan graves como las traiciones, la incompetencia podía perjudicar tanto o más que la inoperancia, y las disensiones internas podían ser un importante aliado para el enemigo. Pronto, ante el crecimiento de la actividad de la resistencia se hizo más que evidente que se imponía una coordinación, un control operativo y planes claros con objetivos asimismo claros. Solo así se podría aspirar al éxito y a diezmar realmente no únicamente la moral del enemigo sino también su capacidad de acción. En ese contexto apareció en escena una figura extraordinaria, Jean Moulin, quien con el tiempo se convirtió en un auténtico mito de la resistencia y en una gloria nacional.

Jean Moulin recibió el encargo de aglutinar las diversas fuerzas de la resistencia de parte del general De Gaulle. Realmente devoto de este y, como él, enemigo a toda subordinación al enemigo y, por lo tanto, radicalmente opuesto a cualquier tipo de armisticio, aunque, como creía Pétain, hubiera en él condiciones beneficiosas para Francia, se dedicó a la tarea en cuerpo y alma. Moulin era un idealista, pero a la vez era un hombre con grandes dotes para la organización, convincente y muy inteligente. Era un líder nato.

Moulin había participado tiempo atrás en la entrega clandestina de armas y de aviones al ejército de la República española en su lucha contra las tropas insurgentes de Franco. Al estallar la Segunda Guerra Mundial era prefecto de Chartres. Fue entonces cuando fue detenido. Era el 17 de junio de 1940. Un comandante alemán le obligó a firmar un documento en contra de las tropas coloniales de marcado carácter racista. Se negó y, a fin de no sufrir el trato que sospechaba que le iban a infligir, intentó suicidarse cortándose la garganta con un trozo de vidrio; a raíz de esta acción no murió pero le quedó una cicatriz que siempre disimuló cubriéndola con una bufanda o con un pañuelo. Así pues, no consiguió suicidarse y fue salvajemente torturado, pero no firmó el documento. Pétain ordenó su destitución como prefecto de Chartres en noviembre de 1940 y fue entonces cuando huyó a Londres vía Lisboa y gracias a un pasaporte falso. Allí se encontró con De Gaulle el 25 de octubre de 1941, un encuentro decisivo en su vida. Es curioso constatar que ambos se entendieron desde el primer momento, aunque, de entrada si se conoce el perfil de cada uno de ellos, no debió de resultar fácil: De Gaulle era un católico convencido y ferviente, nacionalista y empapado de tradición militar tradicional, con tendencias favorables a la monarquía, que quizá escondía bajo su fervor republicano, por esa disciplina de raíz castrense; Moulin, en cambio, procedía de la izquierda anticlerical, licenciado en derecho y comprometido, como ya hemos apuntado, con causas nobles, como la defensa de la República española. Moulin, absolutamente fascinado por De Gaulle y gaullista de primerísima hora, asumió entonces una triple misión: de propaganda, unificación militar y federación de movimientos de la zona libre. La culminación de esta misión fue la constitución en octubre de 1942 de la Armada Secreta, y de los Movimientos Unidos de Resistencia a principios del año siguiente. El 27 de mayo de 1943, Moulin se convirtió en director del primer Consejo Nacional de la Resistencia (CNR). De Gaulle llegó a decir en cierta ocasión que «sin el CNR no habría habido resistencia, sino resistencias». Casi un mes más tarde, el 21 de junio, fue detenido en Caliure por la Gestapo de Lyon, a cuyo mando estaba el temible «carnicero de Lyon», muy explícito sobrenombre bajo el cual nos encontramos con Klaus Barbie. Moulin fue torturado hasta el límite pero no dijo nada. Murió en un tren que se dirigía a Alemania, pero ningún nombre salió de su boca, y su muerte, el 8 de julio de 1942, no comportó detención alguna. Agentes de la Gestapo abandonaron su cadáver, completamente destrozado, en la estación de trenes de Metz, como escarnio pero también como advertencia de lo que les esperaba a los miembros activos de la resistencia. Ya habían pasado demasiadas cosas, demasiado sufrimiento y demasiada lucha, como para volverse atrás. La resistencia continuaría sin Moulin, aunque bien es cierto que sin él la completa unificación y la coordinación de acciones se volvían más difíciles. Asimismo, todavía quedaba mucha guerra por delante y la resistencia seguía organizada, cada vez más activa, más numerosa y más eficaz. La pérdida de Moulin era irreparable pero el movimiento siguió adelante.

Moulin logró que la resistencia interior y la exterior se unificaran en torno al liderazgo de De Gaulle, cabeza visible y líder indiscutido de la Francia libre. La resistencia, que por su propia naturaleza, fue desde el principio algo disperso y plural, llegó a ser un único movimiento. Incluso llegó a contar con un himno, *Le chant des partisans*, compuesto en Londres por Anna Marly, cuyo apellido real era Betoulinsky. De hecho, la letra original de este himno la compuso en ruso y no en francés, tarea esta de Joseph Kessel y Maurcie Druon. Anna, nacida en Rusia en 1917, había abandonado su país de origen tras el fusilamiento de su padre y se instaló en Francia, de donde huyó cuando llegaron los nazis para refugiarse en Gran Bretaña.

Dachau fue escenario de castigos tremendamente crueles.

En el verano de 1943, aparte de Moulin, hubo otro detenido importante, todo un héroe de la resistencia francesa, Charles Delestraint, comandante del ejército «secreto», entonces recién llegado de una breve estancia en Londres. Delestraint, tras horribles torturas, fue recluido en la prisión de Fresnes, en las afueras de París. De allí, fue deportado a Struhof, en Alsacia, y después a Dachau, donde fue asesinado el 22 de abril de 1945 poco antes de la llegada de los norteamericanos que liberaron el campo.

Delestraint era un nombre destacado de la resistencia, que fue, junto con Jean Moulin, un activo protagonista en el proceso de unificación de este movimiento en Francia, pero incluso en Dachau continuó su labor de insumisión. Allí creó, con otros compañeros, el Comité Internacional de Dachau, con el fin de organizar a los cautivos, no solo en una resistencia en el campo tanto como permitieran las posibilidades, sino también en el momento de la liberación.

Precisamente entonces, cuando las tropas del Eje ya intuían que la derrota era inminente, Pétain se dio cuenta de que al régimen de Vichy le quedaba poco tiempo. Este mariscal, que optó por designarse a sí mismo jefe del Estado y no presidente de la República, tal como también hiciera el general Franco en España, ocupó su puesto bajo el lema *Trabajo, familia y patria*, en la línea de los gobiernos autoritarios de España y Portugal, con abierta connivencia con la Alemania de Hitler, como estos. Cuando los aliados desembarcaron en la costa francesa, principio del fin de la guerra, huyó a Alemania primero y después a Suiza. Cuando la contienda terminó, regresó a Francia y allí fue detenido para enfrentarse a un proceso por traición. Fue condenado a muerte por «alta traición» y por «traición a la patria», pero, ya con ochenta y nueve años de edad y por los servicios prestados durante la Primera Guerra Mundial, se le conmutó la pena por cadena perpetua por intercesión directa de Charles de Gaulle. Murió en 1951 a los noventa y cinco años.

Dos personajes con doble (y larga) vida

Lucie Aubrac y Raymond Samuel formaban un matrimonio con doble existencia, como si vivieran vidas paralelas. Al menos así fue durante algunos años, precisamente los años en que sus actividades convirtieran a ambos en auténticos mitos de la resistencia francesa. Lucie y Raymond tenían una vida en la resistencia y otra en la sociedad; una vida clandestina y otra «legal». En 1941, ella daba clases en el instituto femenino para jóvenes, y él ejercía de ingeniero. Vivían en Lyon con Jean-Pierre, su hijo recién nacido, y con María, la niñera. Raymond, procedente de una familia de origen judío y polaco, había completado su formación en Estados Unidos. En 1940 había sido hecho prisionero, pero logró escapar y, aunque las cosas ya hacía tiempo que se estaban poniendo feas, continuaba en Francia. Le llegó una oferta para trabajar en Estados Unidos pero acordó con Lucie seguir en Francia, y fue entonces cuando ambos se comprometieron activamente con la resistencia. Tanto Raymond como Lucie contaban con documentos de identidad falsos y estaba preparados para huir si así les convenía, pero lo que no estaban dispuestos a aceptar era separarse. A pesar de los riesgos evidentes de formar parte activa de la resistencia, parecían tener la situación bastante controlada y su honorable vida pública «legal» era una coartada excelente. Pero en 1943 la situación, ya de por sí bastante complicada, era cada vez más tensa y peligrosa. En marzo, un contacto de la resistencia que debía acudir a una reunión de coordinación fue arrestado por la policía. Obligado a hablar y a decir cuanto supiera de las actividades de la resistencia terminó por ceder y dio nombres y direcciones que ocasionaron más arrestos. Entre los arrestados estaba Raymond, pero las actividades delictivas de que se le acusó no fueron especialmente graves y en mayo consiguió la libertad provisional. Dejando atrás su cautiverio se reunió con Lucie, y ella le contó la causa real de su liberación. Lucie había ido a encontrarse con el procurador y este le confirmó que, efectivamente, había un hombre encarcelado llamado François Vallet, uno de los seudónimos de Raymond. «En dos ocasiones —dijo Lucie— os habéis negado a firmar su puesta en libertad provisional. Yo represento aquí la autoridad del general De Gaulle, que es el jefe de Vallet. Si mañana en el palacio de justicia os negáis a liberar a Vallet, no veréis esconderse el sol el día 14». Lucie le llegó incluso a decir que sintonizara la BBC y que cuando escuchara determinado mensaje ese iba dirigido a él. El pobre procurador, presa del miedo, hizo, por supuesto, lo que ella le dijo. Incluso llegó a sintonizar la radio británica y, aliviado, no escuchó el mensaje a él dirigido, lo cual, por otra parte, era imposible, ya que Lucie no sabía nada de lo que radiaría la BBC. Bromeando, Lucie dijo a Raymond que el aterrorizado procurador no escuchó el mensaje, ya que hizo lo que debía, que era liberar a François Vallet, es decir a Raymond. El éxito de esta estrategia, que no comportaba enfrentamientos violentos ni demasiada organización, tan solo temple, habilidad y dosis de convicción, animó a Lucie a repetirla en otras ocasiones y se ganó un merecido prestigio entre los miembros de la resistencia.

Raymond había salido de la cárcel, pero seguían cautivos los tres compañeros que fueron detenidos con él tiempo atrás y que sufrían un verdadero calvario. Debían ser liberados lo antes posible y fue fijada una fecha para actuar: el 24 de mayo. Justo ese día Lucie no tenía clase en el instituto y podía participar en la acción. El grupo que debía liberarlos sabía que ese día los cautivos estarían en el hospital procedentes de la cárcel donde cumplían condena y, sin duda, resultaba más fácil una acción en el hospital que en la prisión. El grupo de resistentes que estaban decididos a liberar a los tres compañeros trazaron un plan inteligente que, con temple y decisión, no podía salir mal. Además, no habría enfrentamientos directos y se descartaba cualquier tipo de violencia. Con todo, estaban preparados para prácticamente cualquier eventualidad.

Un vehículo esperaría junto a la verja del hospital a que los compañeros llegaran para llevarlos lo antes posible a Lyon, mientras el grupo entraba en el hospital haciéndose pasar por policías alemanes para permitir la fuga sin levantar sospechas. Así lo hicieron y, de hecho, todo fue como una seda y salió según lo previsto. Pidieron interrogar a algunos enfermos, precisamente a los que iban a buscar. El director del hospital protestó airadamente: «Están enfermos, nos los han traído desde los servicios sanitarios de la cárcel de Saint-Paul, están bajo mi responsabilidad, no puedo abandonarlos. Los dos agentes de policía de la entrada pueden confirmárselo». Entonces, Lucie, siempre decidida, les pidió la documentación. Los dos agentes, asustados, abandonaron precipitadamente su puesto ante la tensión que había en el ambiente, con los supuestos policías alemanes enfrentados al director del hospital. Lucie y su grupo tenían el campo abierto. Los cautivos salieron junto a sus libertadores ante la perplejidad del director del hospital. El éxito de la operación conllevaba riesgos y la represión posterior era previsible. El grupo debía abandonar Lyon lo antes posible. Lucie logró, gracias a un amigo médico, hacerse con una baja por anemia y pudo dejar su puesto de trabajo en el instituto «legalmente» o, al menos, sin levantar sospechas. Lucie y Raymond se tomaron aquellos días lejos de Lyon como unas auténticas vacaciones. Estuvieron felices diez días inolvidables en una pensión junto a una de las maravillosas playas del mediodía francés. Por cierto, parte de la pensión estaba ocupada por… ¡oficiales italianos! El establecimiento había sido requisado por estos y solo dejaban a disposición de los huéspedes una cuarta parte del hotel. Una vez más, Raymond y Lucie no levantaron sospechas. Pero la estancia en la pensión junto a la playa terminó y a principios de junio regresaron a Lyon. Raymond decidió entonces dejar su trabajo como ingeniero y pasó a trabajar en exclusiva y con sueldo para la resistencia. En cambio, Lucie se reincorporó al instituto pero seguía con sus actividades en la resistencia y, al igual que Raymond, conoció entonces a Max, nombre bajo el que se escondía Jean Moulin, representante de De Gaulle. Este personaje clave de la resistencia ofreció a Raymond un puesto de alta responsabilidad: inspector general de la zona norte. Era un reconocimiento al prestigio adquirido, a su experiencia y a su dedicación. Ello suponía trasladarse a París. Lucie, que no quería la separación de la familia, se propuso encontrar un trabajo en la capital francesa. Además, ella estaba embarazada por segunda vez, de una niña, de nombre Catherine y que las circunstancias quisieron que naciera en suelo inglés el 12 de febrero de 1944.

Pero, de momento, Lucie no podía dejar su vida en Lyon, y cierto día que debía encontrarse con Raymond, este no compareció en el lugar acordado a la hora prevista. Ante esta situación inquietante, acudió a casa de su primo, personaje que solía estar bien informado, y supo por él que la Gestapo había detenido a todos los asistentes a una importante reunión de la resistencia, Max y Raymond entre ellos. Estaban en la cárcel de Montluc. Lucie se propuso liberarlos cuanto antes y, bajo una identidad falsa, entró en el recinto y en las oficinas de la prisión y se presentó ante el jefe de la Gestapo: Klaus Barbie. Lucie, como siempre serena y convincente, le dijo que venía a ver a su prometido, que estaba enfermo. Hábilmente sonsacó a Barbie lo que este sabía de Raymond, cuyo nombre allí era François Vallet, arrestado por gaullismo y a quien calificó de terrorista. Ella, embarazada, le contó que estaban prometidos y que no deseaba ser madre soltera, que debían casarse. Lucie, al ver en el asistente de Barbie una cierta emoción, se dirigió a este, suplicante, diciéndole: «Dile que debo casarme cuanto antes». Lucie dejó la cárcel una vez estuvo segura de que allí se hallaba su esposo. Su primo le reprendió por su imprudencia, pero decidió volver a ver a Barbie y supo por él que Raymond, es decir, Vallet, iba a ser fusilado. Fuera como fuese, Lucie estaba decidida, al menos a ver a Raymond cuanto antes y, por supuesto, a intentar lo imposible por liberarlo.

No era la primera vez que Lucie se proponía liberar a su esposo, pero sí que era la más peligrosa y la que presentaba mayor dificultad. Además, sobre él pesaba una sentencia de muerte, que podía cumplirse de un momento a otro. Lucie habló con mucha gente, se entrevistó con quien podría proporcionarle información útil para avanzar en su empeño de liberar a Raymond. Fue a ver a personas más o menos influyentes, a menudo disfrazada u ocultando su verdadera identidad, personas con cierto ascendente más o menos directo entre los nazis. La información que fue recogiendo fue sumamente útil y el modo de conseguirla fue a menudo bastante rocambolesco. Pudo explicar a Raymond sus planes de liberación en un encuentro que tuvieron en la prisión de Montluc, gracias al permiso que le concedió Klaus Barbie (¿acaso por influencia del asistente de este que mostró cierta emoción al escuchar los ruegos de la mujer embarazada que no quería ser madre soltera?). El 21 de octubre, en el

curso de una transferencia de
presos, Lucie, junto con otros
miembros de la resistencia,
consiguió atacar el camión en el
que se hallaban Raymond y
otros trece prisioneros, y los li-
beró. Sabían que la Gestapo iría
tras ellos y lo tenían previsto y,
por supuesto, tenían claro que
no podían acercarse a Lyon.
Tras sortear mil y un peligros, en
febrero de 1944 encontramos a
la familia unida, a Raymond,
Lucie y Jean-Pierre, en Londres.
Precisamente, aquel mismo mes,
la familia creció. Nació Catherine. En Londres, Lucie y Raymond se unieron al gobierno en
el exilio de Charles de Gaulle. Al

Raymond Samuel fue arrestado
y conducido a la prisión de Montluc.

mismo tiempo, los padres de Raymond fueron deportados a Auschwitz,
donde fueron asesinados.

Al terminar la guerra, tanto Lucie como Raymond siguieron mostrando su compromiso con la libertad, la izquierda y los derechos humanos; un compromiso que a menudo se concretó en actividades en organizaciones humanitarias (ella en Amnistía Internacional, en movimientos
a favor de los sin papeles, etc.; él en la FAO y, entre otros muchos, en la
Unión Judía Francesa por la Paz). A su muerte (ella, en 2007, y él, en
2012) fueron objeto de reconocimientos oficiales por parte de los máximos representantes del pueblo francés.

Recuerdos de la resistencia

En el curso de una entrevista realizada en 1992, el vienés Leo Bretholz
recordaba sus primeros pasos en la resistencia francesa. Bretholz se había incorporado a ella en 1943 después de mil y una peripecias, tras huir
de Austria después de su anexión en 1938. Primero llegó a Bélgica, y allí,

al igual que otros refugiados, fue deportado al campo de St. Cyprien en Francia, pero logró escapar y se propuso llegar clandestinamente a Suiza. Fue arrestado y volvió a los campos franceses, primero a Rivesaltes y después a Drancy. De allí fue destinado a Auschwitz, y en el curso del viaje en tren hasta este campo pudo escapar. Fue entonces cuando se unió a la resistencia francesa. Cuatro años después, marchó a Estados Unidos y se estableció allí.

Tras mi última fuga, recibí unos papeles con una carta de recomendación para unirme a un grupo del valle del Ródano, en un pueblecito llamado Saint-Vallier, al sur de Lyon, que en ese momento era un hervidero de actividad de la Gestapo bajo el auspicio de Klaus Barbie. Me uní a ese grupo en noviembre de 1943, sin realmente saber nada acerca de él. Para mí era un lugar donde me iba a esconder con otros jóvenes que se habían escapado, no solo con jóvenes, hombres que se habían escapado —no tenía nada que ver con mujeres ni con niños—, pero cuando llegué allí, después de unas horas supe de qué se trataba. Hablando con la gente, quiénes eran, de dónde venían, me di cuenta de que me habían mandado a un lugar donde realizaría actividades ilegales clandestinas. Lo que ocurría en esa zona en particular, o en este campo en particular, era que se recibían instrucciones: cómo circular con nuestros papeles sin ser detectados; qué decir si estábamos en un lugar como un restaurante y entraba un equipo de inspección, es decir, una patrulla; cómo actuar, hacerlo con naturalidad y nunca revelar que hablas un idioma distinto al que te corresponde por ser francés; no caer en trampas. Y a los jóvenes también nos enseñaban oficios para aprovechar el tiempo y que obtuviéramos un conocimiento que, a medio plazo, cuando fuéramos enviados a determinadas zonas, pudiéramos usar en beneficio nuestro.

Solidaridad y resistencia

Yves Oppert había nacido en París el 25 de mayo de 1909. Cuando contaba siete años de edad su madre murió y fue a vivir con su abuelo, que entonces era el principal rabino asquenazí de París. Trabajador tenaz, con el tiempo Yves se convirtió en un comerciante próspero. Era dueño de una cadena de grandes almacenes y vivía razonablemente feliz. Hizo el servicio militar en el cuerpo de alpinistas del ejército francés, dado que este deporte era una de sus pasiones. Tenía otras, como jugar al tenis, y le fascinaba la velocidad, lo cual le llevaba con cierta frecuencia a ponerse al volante de motocicletas y automóviles. De su matrimonio con Paulette Weill tuvo dos hijas, Nadine y Francelyn. Así pues, nos estamos refiriendo a un hombre de vida tranquila y acomodada.

Cuando la guerra parecía inminente, fue llamado a filas por el ejército francés en 1938 y sirvió durante cinco meses. Al declarar la guerra Francia a Alemania, en septiembre de 1939, fue llamado de nuevo al servicio de armas. Durante la invasión alemana, ya en plena contienda, fue capturado pero logró escapar. Dejó entonces el ejército pero empezó a realizar actividades de resistencia en Francia. Sirviéndose del inventario de su negocio organizó la distribución de comida y ropa en la Francia no ocupada. Los destinatarios eran preferentemente los miembros de la resistencia. Asimismo, ayudó a esconder a niños judíos en conventos y granjas, y lo mismo hizo con paracaidistas canadienses y estadounidenses. Pero su labor en la resistencia trascendía lo humanitario, ya que pronto destacó en ella y se ocupó de dirigir las acciones de esta en Saboya, donde los sabotajes fueron frecuentes y causaron graves problemas a los militares alemanes. En 1944, ya con los aliados en Francia, fue capturado por los alemanes, quienes le sometieron a terribles torturas. Pero no sirvió de nada ya que su detención no supuso ningún otro arresto. A causa del martirio, murió en 24 de junio de 1944. A título póstumo recibió la Cruz de Guerra de Francia, la Medalla Militar y la Legión de Honor.

Todos contra Hardy

En un magnífico artículo del periodista Jacinto Antón publicado en el periódico *El País*, este habla de la figura del traidor como el «verdadero héroe negativo, la salsa que espesa la aventura». El artículo en cuestión, significativamente titulado «El ambiguo judas de la resistencia» se centra en un famoso traidor para algunos, héroe para otros, ambas cosas alternativa e incluso simultáneamente: René Hardy.

Al igual que otros destacados miembros de la resistencia, Hardy procedía de una familia burguesa conservadora, ideología que conservó, e incluso nunca escondió su anticomunismo. Ciertamente en la resistencia había de todo: gentes de izquierdas y hasta de extrema izquierda y conservadores. Entre sus dirigentes también hubo de todo, dado que era un movimiento ideológicamente transversal, cuyos miembros, si tenían algo en común, era un rechazo al totalitarismo, a la ocupación alemana y un nacionalismo francés de diversa gradación, según los casos. Ahora bien, empezando por el muy conservador De Gaulle, jefe desde Londres de la resistencia, que incluso llegó a manifestar estima por el general Franco y su régimen autoritario, entre las filas de la resistencia hombres como él no eran una excepción.

Hardy, oficial de infantería en la reserva, fue destinado a Córcega al iniciarse la Segunda Guerra Mundial pero fue desmovilizado, y cuando los alemanes invadieron Francia se hallaba en Letonia, en el transcurso de un viaje por el norte de Europa. Escuchó el famoso llamamiento del 18 de junio de 1940 del general De Gaulle y —tras intentar embarcar hacia Gran Bretaña sin conseguirlo— de inmediato volvió a Francia, se

Tren alemán saboteado por miembros de la resistencia.

unió a la resistencia y, gracias a su conocimiento del ferrocarril —era un alto empleado de la SNCF francesa— se implicó activamente en operaciones de sabotaje en este campo. Al igual que otros miembros de la resistencia, tuvo diversos sobrenombres, como Chauvy, Bardot, y Didot.

Ya en plena ocupación alemana, con Francia dividida y activo en la resistencia, Hardy trabajaba en la estación de Montparnasse —su desmovilización le había permitido volver a trabajar en la SNCF— y desde su puesto pasaba informaciones a un contacto que, a su vez, las trasmitía a un agente británico. Quería acción y su actividad en Montparnasse le parecía poco para las expectativas de acción que deseaba. Impaciente, decidió pasar a España, pero fue detenido el 13 de mayo de 1941 y conducido a la prisión marítima de Toulon. Allí conoció a Pierre de Bénouville, que se convirtió en un buen amigo. Fue condenado a quince meses de cárcel y el 27 de mayo de 1942 fue liberado. Estaba muy débil y pasó tres meses en Garons, donde se unió a un grupo local de la resistencia.

Bénouville, en un primer momento, había sido partidario de Pétain, pero después se hizo un ferviente gaullista. En enero de 1941 tenía previsto marchar clandestinamente al norte de África para unirse a las tropas de la Francia libre pero la policía de Vichy lo detuvo y fue conducido a Toulon. Allí coincidió con Hardy y salió libre en verano de 1941, algunos meses después que su amigo. Una vez libre, al igual que Hardy, se comprometió activamente con la resistencia en el interior de Francia y ocupó en ella cargos de responsabilidad, llegando a ser miembro del comité dirigente de los MUR (Movimientos Unidos de la Resistencia).

Así pues, Bénouille y Hardy coincidieron en la resistencia y sus caminos se cruzarían en más de una ocasión. La verdadera carrera de Hardy en la resistencia empezó en diciembre de 1942, cuando fue reclutado por Jean-Guy Bernard, miembro del activo movimiento Combat, quien le presentó a Henri Frenay, uno de sus fundadores y personaje fundamental en la resistencia. Fue conociendo a otros personajes igualmente importantes y se encontró de nuevo con su amigo Bénouille, quien le presentó a Charles Delestraint, el cual le confió un puesto importante en la organización. Pocos meses más tarde, Hardy accedió a una red impresionante de información procedente del centenar de estaciones ferroviarias que controlaba. Estaba al mando de un tramado compuesto por numerosos contactos, podía interceptar las comunicaciones alemanas y vigilar los movimientos del gobierno de Vichy. Pero ello no impedía su partici-

Henri Frenay, miembro fundamental de la resistencia.

pación activa en actos de la resistencia. No estaba dispuesto, a pesar de las responsabilidades, a pasar otra temporada co mo la de Montparnasse.

En el curso de los preparativos de una acción de sabotaje ferroviario fue arrestado. Era el 7 de junio de 1943. Tres días después, Hardy se encontraba a merced del temible Klaus Barbie en Lyon. Sin que se sepa exactamente cómo y por qué, Barbie lo dejó libre. Cuando Hardy se encontró de nuevo con sus compañeros no refirió nada acerca de este episodio, que pasó a ser un secreto que procuró guardar tanto como pudo. Tiempo después, volvió a encontrarse con Barbie, también en Lyon, pero entonces ya no habrá ningún secreto que guardar.

Unos días más tarde, el 21 de junio, Jean Moulin, auténtico mito de la resistencia, hombre de De Gaulle en Francia y cabeza visible del movimiento, asistía a una reunión en el domicilio del doctor Frédéric Dugoujon, en Caluire, un barrio de Lyon. Junto con él estaban los dirigentes de los MUR y el objeto del encuentro era, entre otros, nombrar al jefe de la armada secreta, que debía ser alguien de Combat o muy próximo a esta organización, habida cuenta del peso que esta tenía en la resistencia. Todos fueron detenidos como consecuencia de un soplo. Aubry fue puesto en libertad el 13 de diciembre tras sufrir torturas y Lacaze y el doctor Dugoujon salieron el 17 de enero de 1944, también tras sufrir los severos interrogatorios de los esbirros de Barbie. Aubrac pudo escapar gracias a su esposa (tal como explicamos en otro episodio de este mismo libro). Por cierto, tiempo después, Lucie, la esposa de Aubrac, intentó envenenar a Hardy; le envió un frasco con mermelada mezclada con cianuro. No lo consiguió. Y Moulin murió, como ya hemos dicho, a causa de las horribles torturas a que fue sometido. El resto, a excepción de Hardy, fueron deportados a los campos de exterminio, y solamente uno, Lassagne, pudo regresar. ¿Qué sucedió con Hardy? Mientras sus compañeros fueron esposados, a él se le puso lo que en Francia se llama un *cabriolet*, es decir, una cadena alrededor de la muñeca por un extremo y por el otro sujeta al que vino a arrestarles. Hardy pudo escapar y se escondió en casa de un amigo. La policía francesa lo encontró, estaba herido y lo condujo al hospital de Antiquaille. Después, fue conducido a un hospital militar alemán de la Cruz Roja y de allí se escapó el 3 de agosto.

La mayoría de miembros de la resistencia, con eco por lo tanto en la opinión pública francesa, creyeron a partir de la emboscada en Caluire que Hardy había sido el traidor. Pasó así de ser héroe a villano. Antes de este episodio crucial, quien fuera jefe de Résistance-Fer, la organización de la resistencia que saboteaba las líneas ferroviarias para dificultar o incluso impedir el paso de los convoyes alemanes, cayó en descrédito. Como escribió Jacinto Antón en el artículo que citábamos al principio, este «acreditado luchador antifascista […] que admiraba a Lawrence de Arabia y se vanagloriaba de haber destruido, émulo del *emir dinamita,* seiscientos trenes (mientras leía *Los siete pilares de la sabiduría*) […] defendió siempre con uñas y dientes su inocencia, considerándose como un chivo expiatorio, achacando las acusaciones a los comunistas y asegurando que la detención de Moulin fue solo un colosal fallo de seguridad».

Cabe tener en cuenta que tan solo dos semanas antes de la reunión en casa del doctor Dugoujon, Hardy fue detenido por la Gestapo y fue liberado por el temible Klaus Barbie. Este hecho levantó sospechas acerca de si había sido reclutado por Barbie como agente doble. Para los alemanes sería de una ayuda inestimable contar con un espía entre los núcleos dirigentes de la resistencia, y más si este era un hombre que estaba en relación directa con Jean Moulin, a quien Barbie perseguía con empeño. Hay además un aspecto que es, como mínimo curioso o sorprendente, que tiene que ver con la asistencia de Hardy a la reunión en Caluire. Ese mismo día, Hardy debía encontrarse con Delestraint, el jefe de los MUR. Delestraint fue detenido y posteriormente fusilado, pero ni rastro de Hardy, quien acudió a casa del doctor Dugoujon… por cierto, sin ser convocado. Recordemos que la cita allí tenía por objeto elegir un nuevo jefe para los MUR, es decir, al sucesor de Delestraint.

El 12 de diciembre de 1944, Hardy fue detenido, acusado de contactos con el enemigo que provocaron la muerte de Deslestraint y la detención de los reunidos en Caluire con las consecuencias terribles que este hecho tuvo para los implicados. Los tribunales que juzgaron a Hardy no lo tuvieron fácil. A la presión social y política se unía un hecho irrefutable: habían pocas pruebas que demostraran su traición y, en un principio, las que habían no eran suficientes para inculparlo. Así pues, fue absuelto en un primer juicio en 1947 pero, al ser aportadas nuevas pruebas en su contra, volvió a comparecer ante los tribunales tres años después. Aunque cuatro de los siete magistrados de este segundo juicio le declararon culpable, no era una mayoría suficiente para sentenciarlo y salió en libertad tras pasar, en total, seis meses de prisión preventiva.

Si es que lo hizo, ¿por qué Hardy traicionó a sus compañeros de la resistencia? Jacinto Antón, en el artículo citado, escribe lo siguiente a modo de conclusión: «Hay varias respuestas. Una es que, por supuesto, el valor tiene límites: Hardy habría traicionado por cobardía, a cambio de su propia vida. Otra es política: Hardy habría sido un instrumento en la silenciosa lucha que enfrentaba a las diferentes facciones de la resistencia. Para los más románticos y partidarios de *chercher la femme* hay otra interpretación: Hardy habría traicionado por amor (o pasión), a cambio de asegurar la protección de su amante, Lydie Bastien, que tampoco era trigo limpio (véase *La diabolique de Caluire,* de Pierre Péan). «No he traicionado. No tengo nada que reprocharme.» Las palabras de René Hardy resuenan en sus memorias con la desesperación de quien sabe que no logra convencer. No encontró la paz en este mundo y, tras vivir roto sus últimos años a causa de un extraño accidente de automóvil, acudió con la íntegra suma de sus actos a esa última cita de la que ni siquiera él, maestro de la evasión, podía ser capaz de escapar».

Cuando Klaus Barbie fue capturado en 1987, declaró que Hardy había sido un espía de los alemanes, pero Hardy, por supuesto, lo negó e incluso llegó a carearse en Bolivia con Barbie para demostrar su inocencia en un acto más bien patético. De hecho, no solo el testimonio de Barbie iba en contra de Hardy (testimonio que, por otra parte, por proceder de quien procede, no debe merecer demasiada fiabilidad) sino también, y esto es mucho más importante, la información que proporciona cierta documentación hallada en lugares bajo control nazi aquellos años. Así, en septiembre de 1944, en los locales del KdS (o servicio de seguridad) de Marsella, aparecía una mención a Didot (uno de los sobrenombres de Hardy), arrestado el 9 de junio de 1943, gracias a lo cual (es decir,

¿gracias a que *cantó*?) pudo ser posible el arresto en casa del doctor Dugoujon. Más: en octubre de 1946, entre los archivos de asuntos exteriores de Berlín, en un informe de Kaltenbrunner (que fue uno de los máximos responsables del sistema policial nazi con el grado de Obergruppenführer, equivalente a general), datado del 29 de junio de 1943 (es decir, tan solo veinte días después del arresto a que se refería el documento anterior de Marsella), explica que la información que Hardy reveló acerca de un plan de sabotaje ferroviario supuso diversas detenciones.

Así pues, todos contra Hardy.

Josephine Baker con la resistencia

Josephine Baker fue una famosa cantante y bailarina de cabaret norteamericana cuyo verdadero nombre era Freda Josephine McDonald. Siendo joven todavía se estableció en Francia, donde fue una celebridad, no solo en el *music-hall* sino también en el cine del país galo.

De hecho, Francia fue su país de adopción y allí estaba cuando fue declarada la Segunda Guerra Mundial. No dudó en comprometerse activamente con la resistencia pero sus superiores se mostraron un tanto escépticos, ya que temían que no fuera lo suficientemente fuerte ante determinadas situaciones. Pronto pudo demostrar que esas sospechas no tenían fundamento alguno. Cuando los nazis ocuparon la capital francesa, Baker, que vivía en un castillo alejado de París, escondió en su residencia a diversos miembros de la resistencia.

Fue a Lisboa para establecer contactos con miembros de la Francia libre y poder pasar información a sus compañeros

Josephine Baker fue artista del *music-hall* y colaboradora de la resistencia francesa.

con la excusa de unas actuaciones en la capital portuguesa. Algunas de estas informaciones estaban escritas en tinta invisible en los mismos papeles donde tenía escritas sus canciones. Además, como celebridad que era, era requerida en fiestas diplomáticas y reuniones importantes, en las que podía tener acceso a determinadas informaciones que igualmente pasaba a sus compañeros de la resistencia.

Su valor fue reconocido por el gobierno francés una vez finalizada la guerra. De manos de De Gaulle recibió la Legión de Honor y la Medalla de la Resistencia. Al morir en 1975, fue objeto de un homenaje nacional y hasta la fecha ha sido la única mujer que ha recibido veintiuna salvas de honor al morir.

Édith Piaf, ¿con la resistencia?

La cantante y actriz Édith Giovanna Gassion, más conocida como Édith Piaf, gozaba de una gran fama en Francia, su país. Una vez terminada la guerra aseguró en diversas ocasiones que había trabajado para la resistencia, pero ello no ha podido ser comprobado y, además, parece poco probable, ya que ofreció diversos conciertos para el servicio secreto alemán sin que la resistencia consiguiera saber nada. Es decir, que no consta que pasara información alguna.

Ahora bien, lo que sí que es más que probable es que ayudó a escapar a muchos compatriotas perseguidos por los nazis.

La musicóloga británica Daisy Fancourt escribió acerca de esto: «Piaf usó su popularidad con los nazis para ayudar a aquellos que se encontraban en dificultades. Poco tiempo antes del estallido de la guerra, Édith se embarcó en una sociedad profesional con Michel Emer, un músico judío, cuya canción *L'accordéoniste* (El acordeonis-

Édith Piaf usó su popularidad con los nazis para ayudar a aquellos que se encontraban en dificultades.

ta) se convirtió en uno de sus grandes éxitos. Piaf logró mantenerlo en la Francia no ocupada, donde vivió en la clandestinidad hasta la liberación. También ayudó al pianista judío Norbert Glanzberg, se convirtió en su amante por un tiempo. Glanzberg había trabajado como músico de jazz con Django Reinhardt a mediados de la década de 1930 en París y más tarde participó en la resistencia. El compositor Georges Auric colaboró para esconderlo hasta 1944 en la Francia no ocupada y después de la liberación Glanzberg devolvió el favor ayudando a liberar a Maurice Chevalier y defendiendo a la actriz francesa Mistinguett (originalmente Jeanne Bourgeois) en el juicio». Aquí, Daisy Fancourt se refiere al proceso de investigación de colaboracionismo con los nazis en Francia.

Un minero heroico

Es un hecho conocido que muchos republicanos españoles participaron en la resistencia en Francia. Recientemente, en 2009, Denis Peschanski, director del Centro Nacional de Investigación Científica de la República Francesa, declaró que «la aportación de los exiliados republicanos españoles a la resistencia francesa durante la Segunda Guerra Mundial fue *única* y debería ser reconocida públicamente. A pesar de las condiciones de acogida miserables, muchos se integraron en la resistencia y participaron muy activamente en la liberación de Francia». De hecho, no es extraño hallar en ciertas poblaciones del Mediodía francés placas de recuerdo a los «españoles muertos por defender la nación francesa». Más de sesenta mil exiliados españoles lucharon en, desde, o con la resistencia francesa. Para muchos de ellos se trataba de la continuación de la lucha contra el fascismo, pues la Segunda Guerra Mundial fue la continuación de la Guerra Civil Española. Gran parte de los refugiados españoles que llegaron a Francia no fueron bien tratados. Al llegar a tierra francesa muchos miles fueron a parar a campos de refugiados instalados casi improvisadamente en las playas del sur, como Argelès-sur-Mer, St. Cyprien y Barcarès. Rodeados de estacas y alambres, vigilados por hombres uniformados y sobreviviendo en condiciones precarias, no tenían la sensación de estar acogidos sino más bien prisioneros. Hubo incluso algunos, sobre todo los identificados como «rojos peligrosos» que aún corrieron peor suerte y fueron conducidos a la fortaleza de Collioure y al campo de

Monolito en Argelès recordando a los republicanos exiliados españoles.

Le Vernet, sometidos a un régimen de práctica esclavitud condenados sin saber porqué a trabajos forzados. Por supuesto, las bajas en todos los casos fueron importantes.

Al empezar la guerra, los franceses propusieron una opción para dejar los campos de refugiados. La condición era obtener un contrato de trabajo en régimen de «batallones de trabajo», sobre todo en el campo, o bien alistarse en la legión extranjera o en el ejército regular francés. Con la implantación del régimen de Vichy, el mariscal Pétain y los suyos elaboraron listas de comunistas, anarquistas y socialistas —en las cuales incluían, por supuesto, a refugiados españoles— cuyo destino era caer en manos de la Gestapo y, por lo tanto, ir a parar a los campos de exterminio.

En los primeros tiempos de la resistencia en Francia, la labor y experiencia de los republicanos españoles fue muy importante. Estaban integrados en ella como parte independiente dentro del Comité Nacional de Resistencia. Serge Ravanel, figura señera de la resistencia francesa, dejó escrito que «durante la guerra de España nuestros camaradas habían adquirido el conocimiento que nosotros no teníamos. Sabían hacer bombas, sabían montar emboscadas, tenían un conocimiento profundo de la técnica de la guerra de guerrillas y, además, su valor en el combate era inigualable».

Uno de aquellos luchadores fue Cristino García Granda, un minero asturiano que llegó a ser un héroe nacional en Francia. Muy joven, se comprometió con la UGT y más tarde ingresó en las Juventudes Comunistas. Participó activamente en la Revolución de Octubre de 1934 en Asturias y el alzamiento contra la República le sorprendió, no en la mina, en Asturias, sino trabajando de fogonero en un barco en Sevilla.

La tripulación se amotinó y se hizo cargo del control de la embarcación que dirigió a Gijón. En la guerra alcanzó el grado de teniente y, al finalizar esta, fue internado en el campo de Argelès-sur-Mer. Del campo salía a trabajar a las minas junto con otros compañeros, aunque ello no supuso abandonar su actividad clandestina. Él, al igual que muchos otros, llegó a Francia como exiliado o refugiado, no como prisionero, pues tal parecía que era su condición allí. Organizó un grupo de guerrilleros que se integró en los FTP (Franc-Tireurs et Partisans) constituidos en 1942 por el Partido Comunista Francés.

La primera acción liderada por Cristino, del todo comprometido con la resistencia y entendiendo la lucha de esta como la suya, fue el asalto a la prisión central de Nimes, donde se hallaban miembros de la resistencia y presos republicanos españoles. Era la noche del 4 de febrero de 1944. La cárcel, considerada inexpugnable, no pudo con Cristino, al frente de un grupo de luchadores que seguían un plan perfectamente trazado. El éxito de la operación no fue más que el principio.

Al igual que otros grupos de la resistencia, el de Cristino tenía la orden de impedir la circulación de los nazis ante el desembarco de Normandía. Cristino tenía a su mando treinta y cinco maquis y, como los otros grupos de la resistencia, se enfrentaba al potente, bien armado y

En la batalla de la Madeleine el grupo de Cristino consiguió inmovilizar a una división alemana que acudía a rechazar el desembarco de Normandía.

disciplinado ejército alemán. Había que impedir que los nazis fueran hacia el norte para reforzar su defensa en Normandía. Tras una batalla feroz, la caravana alemana, a cuyo mando estaba el teniente coronel Konrad Nietzsche, quedó completamente inmovilizada ante la estrategia y el hostigamiento del grupo guiado por Cristino. A los soldados alemanes no les quedó otra alternativa que la rendición. Levantaron la bandera blanca, pero Nietzsche, ante la derrota frente a una fuerza que en nada podía medirse a los soldados que tenía a su mando, se desnudó, se roció de gasolina y se pegó un tiro. Esta batalla, conocida como La Madeleine, es uno de los episodios más conocidos de la actividad de Cristino y una muestra de lo que eran capaces ciertos grupos de la resistencia, tal como reconoció el general americano Eisenhower: «El esfuerzo de la resistencia sobre el día D vale el de quince divisiones regulares completas de un ejército».

Tras este éxito, la división que mandaba Cristino, formada por tres brigadas, se concentró en los alrededores de Prades, cerca de la frontera con España. Allí conoció a su esposa, con quién se casó unos meses después. El 19 de abril de 1945 entró en España para continuar la lucha contra el fascismo. Cristino pretendía organizar grupos de guerrilleros al modo de la resistencia francesa, pero se encontró prácticamente solo, sin dinero y sin apoyo. Fue detenido meses más tarde, el 18 de octubre de aquel mismo año, en la plaza Mayor de Madrid. Tras una sesión de crueles torturas, fue recluido en la cárcel de Carabanchel, donde fue fusilado el 21 de febrero del año siguiente, después de un consejo de guerra por supuesto injusto y sin garantías de ningún tipo. Contó en su defensa con un abogado que, con la mejor de las intenciones, dijo al jurado que «había entrado en España engañado». Cristino, que ya sabía que su final estaba cerca y que el jurado ya tenía emitida su sentencia antes de terminar aquella cruel pantomima, dijo: «He venido a España perfectamente convencido a luchar contra el franquismo y volvería a hacerlo cuantas veces fuera necesario. Es falso que nosotros somos gente engañada. Somos patriotas antifranquistas convencidos, que no hemos abandonado la lucha contra los verdugos y sus lacayos falangistas. Sé muy bien lo que me espera, pero declaro con orgullo que mil vidas que tuviera las volvería a poner al servicio de la causa de mi pueblo y de mi patria».

El consejo de guerra que condenó a Cristino y a otros nueve de sus compañeros causó un importante revuelo internacional para evitar el cumplimiento de la sentencia. Aunque el ministro de interior francés pidió la intercesión de la ONU, Charles de Gaulle, ya entonces presidente de la República francesa, no hizo nada a favor de Cristino y los otros condenados, ya que estos eran comunistas y sentía una cierta simpatía hacia Franco. Pero también de Francia llegó una defensa importante, la de la Asamblea Nacional Constituyente. El texto, no solo pide la liberación de unos guerrilleros que habían participado en la conquista de la libertad en Francia sino que pide además que el gobierno de De Gaulle rompa con el régimen de Franco y alerta a la opinión internacional acerca de los «métodos de represión» que deben ser «condenados por el mundo civilizado».

El 25 de octubre de 1946 y a título póstumo, el estado mayor de la IX región militar francesa le concedió la Cruz de Guerra con estrella de plata por haber sido «resistente desde la primera hora, dotado de un alto espíritu de organización y de combate», además de reconocérsele como «jefe de élite».

En 2005, Jesús Caldera, por entonces máximo responsable del Ministerio de Trabajo y Asuntos Sociales del gobierno de España, inauguró en la comuna francesa de Saint-Denis, un centro social para inmigrantes que lleva el nombre del minero asturiano. También en Saint-Denis existe una calle con su nombre. En La Madeleine, escenario de una de sus gestas más destacadas, se colocó una lápida en su honor donde puede leerse: «Honneur à Cristino García, chef de maquis».

¿Un hijo de Hitler en la resistencia?

Existe la creencia de que Hitler tuvo un hijo secreto fruto de su relación con una joven francesa durante la Primer Guerra Mundial. Es una noticia un tanto recurrente, pero en 1981, un ciudadano francés llamado Jean-Marie Loret, que estaba convencido de ser hijo de Hitler, publicó un libro titulado *Tu padre se llamaba Hitler*. En él, explicaba que su madre, Charlotte Lobjoie, conoció a Hitler en 1917, cuando esta contaba con dieciséis años de edad. Hitler, por entonces, era un soldado del ejército alemán. Fruto de la relación entre ambos, nació un hijo que Charlotte dio en adopción ante la situación hostil del entorno hacia su hijo. En Francia, por aquellos años, el hecho de que una mujer hubiera tenido relaciones con un soldado alemán estaba muy mal visto. Pasaron los años y Jean-Marie se unió a la resistencia francesa para luchar contra los alemanes en la Segunda Guerra Mundial, ignorante de quien era su padre biológico. Un día, se encontró con su madre biológica, Charlotte Lobjoie, y esta, poco antes de morir, ya a finales de la década de 1950, le confió su secreto: él, Jean-Marie, era hijo de Hitler. Unos veinte años después, Jean-Marie decidió comprobar la veracidad de lo que le dijo su madre, quería conocer realmente su identidad, y empezó a investigar. Revisó archivos y contó con la ayuda de especialistas en historia y en genética y llegó a la conclusión de que su madre estaba en lo cierto. El juicio de diversos expertos así lo avalaban.

En los archivos de la Wehrmacht fueron encontrados documentos que demuestran que Hitler ayudó a una mujer francesa, madre de un hijo que tuvo con ella. Esta fue recibiendo dinero del dictador tras llegar al poder en Alemania. Hitler, que, como es sabido, era pintor, pues esta fue su primera vocación, regalaba cuadros suyos a gente de su entorno y en la casa de Charlotte había cuadros firmados por él. Jean-Marie murió a la edad de sesenta y siete años, en 1985.

Historias de amor en la resistencia

La escritora Marguerite Germaine Marie Donnadieu, más conocida como Marguerite Duras, protagonizó una pequeña red de relaciones amorosas en torno suyo durante la Segunda Guerra Mundial en Francia. Marguerite, en 1942, vivía en el París ocupado junto a su esposo Robert Antelme. Por entonces, estaba muy afectada por la pérdida de su primer hijo, pero contaba con el afecto de su esposo y de un amigo, Dionys Mascolo. Los tres se unieron a la resistencia, y dos años después, un agente de la Gestapo, Delval, detuvo a Robert, el esposo de Marguerite. No se tuvieron noticias de él hasta mucho después, cuando salió vivo, aunque en un estado lamentable, del campo de concentración de Buchewald. Pero volvamos a 1944, justo tras la captura de Robert. Fue entonces cuando Marguerite conoció a Delval, el agente de la Gestapo que apresó a su esposo, y ambos se enamoraron. Su relación se vio interrumpida cuando Dionys, el amigo de Marguerite, detuvo a Delval, que fue fusilado al cabo de poco tiempo, en nombre de la resistencia. Por entonces, Dionys había conocido a Paulette, esposa de Delval, y ambos entablaron una relación amorosa fruto de la cual nació un niño.

Cuando Robert salió de Buchenwald, muy enfermo y con apenas treinta y cinco kilos de peso, volvió con Marguerite, pero pronto, en 1947, se divorciaron y ella fue a vivir con Dionys, con quien tuvo una hija aquel mismo año.

Además de Marguerite Duras, otras personalidades de la cultura en Francia dieron su apoyo a la resistencia y participaron activamente en ella. Hubo también algunas que no

Samuel Beckett decía que prefería vivir en una Francia en guerra que en una Irlanda neutral.

eran francesas, como el irlandés Samuel Beckett. Este gran escritor vio como sus obras eran censuradas en Irlanda y decidió establecerse en París, donde creía gozar de mayor libertad. Fue en la capital francesa donde le sorprendió el estallido de la Segunda Guerra Mundial y vivió la ocupación nazi. Decía que prefería vivir «en una Francia en guerra que no en una Irlanda neutral». Se unió a la resistencia y actuó como mensajero. Una vez terminada la contienda, el gobierno francés reconoció sus servicios y le concedió la Cruz de Guerra y la Medalla de la Resistencia.

Una resistente con glamour

Como es bien sabido, aunque la resistencia en Francia fue sumamente importante en todos los sentidos, hubo resistentes más o menos organizados en aquellos países ocupados por los nazis, así como en Italia y en la propia Alemania. Uno de esos países fue Holanda. Una bella joven nacida en Bruselas en 1929, que con el tiempo sería una celebridad en el cine de Hollywood, se unió a la resistencia holandesa. Su nombre era

Edda Kathleen Van Haemstra Hepburn-Ruston y descendía de una familia de la aristocracia holandesa. Sus padres, que se habían divorciado en 1935, simpatizaban con los nazis. Edda Kathleen, al hablar de su infancia, se refería como «el momento más traumático de mi vida». Pasó la Segunda Guerra Mundial en Bélgica y en Holanda y trabajó como bailarina. El dinero que ganaba lo donaba a la resistencia holandesa pero pasaba auténticas penurias, sobre todo tras el desembarco aliado en Normandía. Los alemanes, durante el invierno de 1944, confiscaron alimentos y combustibles a los

Edda Kathleen, que luego adoptaría el nombre de Audrey Hepburn, vivió muy de cerca la invasión alemana en Holanda.

sufridos holandeses y hubo muertes por hambre y frío. Edda Kathleen, como otros compatriotas, hacía harina a partir de tulipanes para poder cocinar algo. Algunos familiares de Edda Kathleen, que, como ella, colaboraban con la resistencia fueron fusilados o enviados a campos de trabajo. Ella sufría anemia y problemas respiratorios y muchos años después, en 1991, rememoraba instantáneas de entonces: «Tengo recuerdos. Recuerdo estar en la estación de tren viendo cómo se llevaban a los judíos, y recuerdo en particular a un niño con sus padres, muy pálido, muy rubio, llevando un abrigo que le quedaba muy grande, entrando en el tren. Yo era una niña observando a un niño». Pero se imponía sobrevivir, resistir, y cuando leyó el *Diario de Ana Frank* quedó impresionada porque tuvieron vivencias parecidas: «Tenía exactamente la misma edad que Ana Frank. Ambas teníamos diez años cuando empezó la guerra y quince cuando acabó. Un amigo me dio el libro de Ana en holandés en 1947. Lo leí y me destruyó. El libro tiene ese efecto sobre muchos lectores, pero yo no lo veía así, no solo como páginas impresas; era mi vida. No sabía lo que iba a leer. No he vuelto a ser la misma, me afectó profundamen-

te». Acerca de ese espíritu de supervivencia decía: «El espíritu de supervivencia es muy fuerte en las palabras de Ana Frank. En un momento
dice *estoy deprimida* y al siguiente te habla de que quiere montar en bici.
Ella es la muestra de una infancia en terribles circunstancias». Quizá por
ello, ya adulta, se comprometió activamente con Unicef.

Edda Kathleen, también años después de los hechos que comenta-
mos, recordaba que «vimos fusilamientos. Vimos a hombres jóvenes ponerse contra la pared y ser tiroteados. Cerraban la calle y después la
volvían a abrir y podías pasar por ese mismo lugar. Tengo marcado un
lugar en el diario, en el cual Ana [Frank] dice que han fusilado a cinco
rehenes. Ese fue el día en que fusilaron a mi tío. En las palabras de esa
niña yo leía lo que aún sentía en mi interior. Esa niña que había vivido
entre cuatro paredes había hecho un reportaje completo de todo lo que
había vivido y sentido».

Por cierto, el nombre artístico que Edda Kathleen adoptó años después fue Audrey Hepburn.

Con la resistencia francesa en España

Marina Vega se integró a la resistencia francesa a los diecisiete años
pero su campo de acción estaba en España. Actuaba como espía para la
resistencia francesa desde suelo español. A pesar de su juventud, esta
mujer nacida en la localidad cántabra de Torrelavega en 1923, sabía el
peligro que acechaba en cualquier momento: «Si te cogían los nazis, te-
nías una pastilla de cianuro en el bolsillo. Te la metías en la boca; si
pasaba el peligro, la escupías y si veías que estaban a punto de hacerte
hablar, la tragabas. Es una muerte automática. Tuve compañeros que lo
hicieron. Otro se mató en una celda dándose cabezazos contra la pared.
Debió de ser horrible, porque la celda era muy pequeña. No podía coger
carrerilla».

Ya al final de su vida, esta mujer recordaba que en su vida corriente
tenía comportamientos que, sin duda, se originaron en aquellos difíciles
años como espía: «Nunca me siento de espaldas a una puerta. En los
hoteles, sigo pidiendo habitación en el primer piso por si tuviera que escapar por la ventana, y al entrar en una casa siempre miro dónde están
los interruptores, por si hay que apagar rápidamente la luz».

Miembros de la resistencia.

Uno de los cometidos de Marina era llevar paquetes a la embajada clandestina de Francia en España, que tenía por sede el cuarto de baño de la embajada británica. Recogía esos paquetes en la frontera con Francia y se los ataba a la espalda con una faja. «Por supuesto —dijo en una entrevista para el periódico *El País* en 2008—, nunca los abrí, pero supongo que llevarían dinero o cartas.» Tras esto empezó a ayudar a entrar personas: «Entre 1942 y 1944 hacía dos viajes por semana a Francia. No sé a cuánta gente pude haber traído. Deduzco que serían judíos franceses que huían de los nazis. También algún inglés». Con estos refugiados nunca habló, pues todos eran oficialmente sordomudos. «Además de la documentación falsa, yo llevaba siempre una carta falsa que decía que autorizaba a la señorita Marina Vega a acompañar al señor fulanito, sordomudo, en el viaje a Madrid, para que, si nos paraban, no tuviera que hablar con su acento francés». Puede resultar chocante que siempre realizara sus viajes en primera clase, pero esto tiene una explicación de una lógica aplastante: «La mejor forma para que no te pregunten nada es ir bien vestido y aparentar tener dinero».

Una vez en Madrid, que era el destino de todos ellos y el punto de partida de las operaciones de Marina, eran acogidos por amigos, hasta, que al cabo de cierto tiempo, cuando ya contaban con todo lo necesario, partían hacia Argel.

La red a la que pertenecía Marina en España tenía su sede en un piso, el último de un edificio que la Cruz Roja había ocupado tras el abandono de la embajada británica. El contraespionaje del gobierno franquista lo descubrió. Marina y sus compañeros huyeron a tiempo: «Esperamos unos tres meses en San Sebastián hasta que uno de los contrabandistas que teníamos a nuestro servicio vino a buscarnos».

Una vez terminada la Segunda Guerra Mundial, Marina fue movilizada por la resistencia francesa para «buscar a alemanes y colaboracionistas para juzgarlos. Hubo una desbandada de nazis y colaboracionistas a España». Cuando los «cazaban», según contó Marina, «los metíamos en el maletero y los mandábamos para Francia».

Pero la guerra en Francia también terminó con el triunfo aliado y la misión de Marina también tocó a su fin: «Mi misión había terminado y mi madre seguía aquí, así que regresé en 1950. En aquellos momentos no existía la palabra depresión, pero yo debí coger una. El cambio fue espantoso. En Francia, al día siguiente de que terminara la guerra ya había de todo. ¡Y aquí, en el cincuenta, seguían con las cartillas de racionamiento!».

Marina, como muchos republicanos, estaba convencida de que el triunfo aliado supondría el fin del régimen franquista, del mismo modo que supuso el fin del nazismo en Alemania y del fascismo en Italia, pero Franco se convirtió en un aliado contra el comunismo y gozó, lo mismo que su régimen, de las simpatías de personajes ilustres del combate contra los nazis, como el mismísimo De Gaulle, e incluso Winston Churchill. Y es que la admiración de Churchill por Franco venía de tiempo atrás. En 1938 había dicho que «Franco tiene toda la razón, porque ama a su patria. Franco defiende, además, a Europa del peligro comunista, si se quiere plantear la cuestión en estos términos. Pero yo, que soy inglés, prefiero el triunfo de la mala causa. Prefiero el triunfo de los otros porque Franco puede ser un trastorno o una amenaza para los intereses británicos, y los otros no». Un año después, con la Guerra Civil recién terminada, se expresaba en estos términos: «Varias veces he recordado a mis lectores que Franco era un general republicano que previno plenamente al gobierno español contra la anarquía política hacia la cual derivaba este. Ahora tiene la ocasión de convertirse en un gran español, del que pueda escribirse dentro de cien años: «Unió su país y reconstruyó su grandeza. Además de ello, reconcilió el pasado con el presente y mejoró la vida de la clase trabajadora mientras conservaba la fe y la estructura de la nación española. Tal realización lo alistaría en la Historia junto a la obra de Fernando e Isabel y las glorias de Carlos V».

Dos muchachos que sacaron de quicio a los nazis en Grecia

Cuando estalló la Segunda Guerra Mundial, Grecia era una monarquía a cuyo frente estaba el rey Jorge II, aunque quien realmente detentaba el poder era el general Metaxas, un dictador que admiraba los totalitarismos que estaban llevando a Europa —y por extensión al mundo entero— al desastre. Por supuesto su régimen no gozaba del más mínimo favor popular, no solo por su ideología sino porque había sumido al país en un estancamiento social, político y económico que no hacía más que prolongar la difícil situación anterior a su llegada al poder. De hecho, buena parte de la población griega vivía en la miseria. Y si los griegos no veían con buenos ojos el régimen de Metaxas, la alianza de este con el Eje y su claro compromiso con las dictaduras alemana e italiana provocó un rechazo ante estos regímenes entre la población que no hizo más que acentuarse con la ocupación; de ahí a la organización de la resistencia mediaba un paso muy corto.

Cuando estalló la Segunda Guerra Mundial, Grecia era una monarquía a cuyo frente estaba el rey Jorge II.

Ioannis Metaxas había establecido su régimen fascista en Grecia el 4 de agosto de 1936 y, según él mismo, pretendía transformar el país de acuerdo con la idea que tenía del «ideal griego clásico de orden, equilibrio, mesura y organización». Contó con el apoyo del rey Jorge II, cuya monarquía él contri-

Paracaidistas alemanes lanzándose sobre Creta.

buyó a restaurar de modo decisivo, pero hizo del monarca poco más que un títere en sus manos. Jorge II de Grecia había sido rey de un modo intermitente —primero entre 1922 y 1924, después entre 1935 y 1941, y finalmente entre 1946 y 1947— en una convulsa época de constantes golpes de estado que la llamada pomposamente tercera civilización helénica de Metaxas pretendía dejar atrás al establecer un férreo poder. De Jorge II se cuenta que en cierta ocasión había dicho que «la mejor herramienta para un rey de Grecia es una maleta», alusión evidente a su agitado reinado.

Metaxas consiguió conquistar afectivamente a su pueblo al plantar cara de modo sorprendente a un intento italiano de ocupación del país. Pero finalmente Grecia fue ocupada tras la invasión de tropas italianas, alemanas y búlgaras el 6 de abril de 1941. En menos de un mes, la ocupación era ya total. Atenas cayó el 27 de abril. Más de trescientos mil civiles murieron entonces, tanto por la hambruna que se recrudeció como por las represalias —según la Cruz Roja, más de setenta mil personas murieron a causa del hambre. Grecia estaba en la ruina a pesar de las ayudas que recibía del exterior. De hecho, la mayoría de productos que llegaban de Suecia, Turquía y otros estados iban a parar a manos de funcionarios públicos que después revendían los productos a la sufrida población griega, la cual, además, veía como le eran requisados los productos que se producían en el país por las tropas ocupantes.

La situación llegó a ser ya insostenible y la resistencia debía actuar con urgencia para terminar con un estado de cosas injusto agravado por la guerra. Cabe recordar además, que Grecia estaba dividida en tres áreas, cada una de ellas controlada por los tres ejércitos ocupantes. Si en otros lugares de Europa la resistencia luchaba por restablecer el orden legítimo y en contra del totalitarismo, en Grecia, además, e incluso de un modo preferente, la lucha era por la supervivencia. Los ataques de la resistencia, al igual que sucedía en otros países, eran brutalmente reprimidos y eran habituales las represalias contra la indefensa población civil. Se ha estimado que los alemanes ejecutaron alrededor de veintiún mil griegos, los búlgaros el doble, y los italianos unos nueve mil.

El incendio de aldeas como la de Kommeno el 16 de agosto de 1943 y la llamada masacre de Kalavryta de 13 de diciembre del mismo año en que los alemanes mataron a toda la población masculina son solo dos ejemplos de la brutalidad en la represión por los actos de la resistencia como represalia. En acciones como estas un millón de griegos perdieron su hogar.

A pesar de ser igualmente brutales en la represión, los italianos no fueron tan eficaces como los alemanes y la resistencia consiguió conquistar territorios que conformaron una pequeña Grecia libre. Los búlgaros, en cambio, imponían la «bulgarización» de la población, y si ello no era posible, si encontraban resistencia, se les expulsaba o mataba. Tras iniciar su ocupación, los búlgaros expulsaron a todos los funcionarios griegos, incluidos alcaldes y jueces, e incluso policías y maestros, además, las escuelas griegas fueron cerradas. Incluso los sacerdotes griegos fueron sustituidos por colegas búlgaros, los nombres oficiales de las poblaciones fueron cambiados y el griego pasó a ser una lengua reprimida. Asimismo, se confiscaron empresas que pasaron a manos de colonos búlgaros y se favoreció la llegada de población búlgara con incentivos como trabajo, vivienda y tierras, que, por supuesto, perjudicaban a los griegos. A finales de 1941, antes de que se cumpliera un año de la ocupación, más de cien mil griegos habían sido expulsados de la zona de dominio búlgaro.

En la zona búlgara se produjo una primera revuelta importante, que se inició el 28 de septiembre de 1941. En diversas ciudades hubo enfrentamientos directos de la población contra las fuerzas ocupantes y quince mil griegos perdieron la vida. Se sucedieron masacres y saqueos y muchos griegos de la zona búlgara huyeron a la zona alemana.

De hecho, como ya hemos apuntado, la situación en Grecia era muy difícil para la población y la resistencia era algo necesario, vital. Al cabo de poco tiempo de la ocupación, no pocos griegos se echaron al monte y se desarrolló una resistencia partisana, pero también hubo resistencia en las ciudades y un ejemplo de ello tuvo por marco nada menos que la Acrópolis de Atenas.

Era el 27 de abril de 1941. La Wehrmacht había llegado a tan simbólico lugar y un soldado griego llamado Konstandinos Koukidis recibió la orden de arriar la bandera griega. Lo hizo pero se envolvió en ella y se arrojó al vacío. Pocos días después del hecho que costó la vida a Koukidis, la bandera con la esvástica ondeaba en la Acrópolis. No hace falta ser un patriota griego para sentir que hierve la sangre ante semejante hecho y dos jóvenes no dudaron ni un momento en que aquella afrenta debía tener una respuesta. Lisa y llanamente, la esvástica no podía ondear allí, en la Acrópolis. El simbo-
lismo era demasiado como para ser pasado por alto. Esos dos jóvenes eran Manolis Glezos y Apóstolos Santas, este último también conocido como Lakis Santas. Cabe decir que la acción de estos dos muchachos no solo fue una de las primeras de la resistencia griega sino también de la resistencia en toda Europa, y su huella en la respuesta a los desmanes del ejército nazi de ocupación fue de gran trascendencia.

Manolis Glezos y Lakis Santas tenían entonces dieciocho y diecinueve años, respectivamente. El primero fue, con el tiempo, periodista, escritor y activista de izquierdas in-

La bandera nazi ondeando
en la Acrópolis.

fatigable. Todavía hoy es un personaje destacado en las protestas en Grecia por la grave situación por las que atraviesa el país. De hecho, fue noticia recientemente cuando fue apaleado y rociado con gas en la cara por los policías antidisturbios griegos en el curso de una protesta por los recortes salariales, y como consecuencia tuvo que ser hospitalizado. El viejo luchador aún sigue tan activo como cuando se encaramó con su amigo Lakis Santas a la Acrópolis para impedir que siguiera ondeando vergonzosamente para todos el emblema nazi. Glezos, tras su acción junto con Santas, fue sentenciado a muerte por los nazis pero huyó. Estos lo atraparon el 24 de marzo de 1942 y fue sometido a terribles torturas y, aunque en su cautiverio contrajo una grave tuberculosis, consiguió huir de nuevo. Los italianos lo cazaron después, el 21 de abril de 1942 y pasó tres meses en la cárcel, y casi un año después, el 7 de febrero de 1944, sufrió un nuevo arresto a manos de los griegos que colaboraban con los nazis. Este internamiento duró hasta que el 21 de septiembre de ese mismo año consiguió escapar una vez más.

La hazaña por la que es recordado, la que llevó a cabo junto con su amigo Lakis Santas, que murió cuando tenía ochenta y nueve años, la realizó sin armas, casi en silencio y casi a oscuras. Ambos iban provistos tan solo de una antorcha y de una pequeña navaja. Pudieron alcanzar lo alto de la Acrópolis gracias al descubrimiento que hicieron de antiguos

Manolis Glezos.

mapas, que les llevaron por un pasadizo natural del subsuelo de la montaña hasta su objetivo. Una vez llegaron a la cima, muertos de miedo, por supuesto, lanzaron algunas piedras para comprobar que no había soldados cerca. Nadie respondió y se dirigieron al mástil para arriar la bandera nazi. Se percataron entonces que esta estaba firmemente atada al mástil y, poco a poco, turnándose, consiguieron encaramarse y soltar los cuatro puntos por los que esta estaba sujeta. En una gruta de la montaña ocultaron la bandera y escaparon.

Al día siguiente, cuando los nazis se percataron del incidente, de que alguien había arriado la bandera, impusieron el toque de queda e incluso destituyeron a la cúpula policial de la ciudad. Por supuesto, los culpables fueron condenados a muerte pero nadie sabía quiénes eran. Al cabo de un año, cuando fueron arrestados, fue por causa de una delación como miembros de la resistencia, pero no como autores del acto.

Aunque Glezos siguió —y sigue— activo políticamente, Santas se refirió en pocas ocasiones a lo largo de su vida a esta gesta. De hecho, en público, tan solo lo hizo cuando publicó, ya al final de su vida, sus memorias tituladas significativamente *Mi noche en la Acrópolis*. Una placa en la Acrópolis recuerda actualmente la hazaña que ambos llevaron a cabo hace ya tantos años.

El *Comandante Claude*

¿Quién fue el *Comandante Claude*? Fue un héroe, todo un ejemplo para la resistencia, no solo en su Bélgica natal sino también en el exterior. Él mismo nos dejó escrito su autorretrato:

Nací el 9 de septiembre de 1920 en Quaregnon. Mi padre fue minero, mi madre ama de casa. Antes del 10 mayo de 1940, yo era todo menos militarista, odiaba las armas. La invasión del país cambió toda esta situación. Cuando vi caer dos bombas no lejos de mí, me di cuenta de que no había sido tocado. Un cambio increíble tuvo lugar en mí. Posteriormente, nunca más he tenido miedo, porque sentía que no iba a ser asesinado. Esto me permitió hacer misiones arriesgadas sin sentir miedo. Participé en la campaña de dieciocho días dirigida por el ejército belga contra la invasión nazi [se refiere a la campaña militar contra las tropas alemanas que se inició el 10 de mayo de 1940 y terminó con la capitulación belga dieciocho días después]. Cuatro días después de la derrota, nos dirigimos a Toulouse (Francia). Y casi inmediatamente nos fuimos a «defender» París. Teníamos una única pistola para cinco hombres. Los soldados franceses nos dieron botellas de gasolina y granadas. En julio decidí regresar a Quaregnon, ocupada por las tropas invasoras y fue entonces cuando vi por primera vez a los alemanes.

A principios de 1941 ingresé en la Legión belga, integrada por militares veteranos. La idea de unirme a la resistencia fue absolutamente natural. Todos queríamos que los militares salieran del país. Hablamos de muchas cosas, pero en la práctica no hacíamos nada, no actuábamos realmente. Un año más tarde, la Legión belga se convirtió en el Secret Army (Ejército Secreto, AS).

En febrero de 1942, yo quería ir a Inglaterra para alistarme en el ejército belga, pero fui detenido por los alemanes en Auvergne, Dompierre-sur-Besbre (Francia). Mientras iba en camión y gracias a un viraje brusco me escapé con mi maleta. Una vez en Bélgica, tres veces fui convocado por el Werbestel para ser conducido a Alemania para trabajar, pero jamás respondí a tales convocatorias (el Werbestel era una organización alemana para reclutar trabajadores, que eran llevados a la fuerza para que sirvieran como obreros en la industria bélica y en la producción de alimentos para el ejército alemán). Sabiendo que podía ser apresado, decidí abandonar la casa de mis padres. El mismo día que dejaba la casa familiar, y estando ya en la calle, fui interceptado por un agente de la Feldgendarmerie alemán (policía militar alemana en los países ocupados), que me preguntó si yo era Émile Boucher. Le dije que yo era un amigo. Curiosamente no me exigió ningún documento de identidad y de ese modo pude escapar por suerte a un nuevo arresto.

En junio de 1943 me uní a los partisanos armados (grupo de la resistencia), que me proporcionaron un hogar. Un mes más tarde, nuestro grupo integrado por doce resistentes dirigió la acción contra el tren de París a Bruselas. El tren fue descarrilado [...]. Los partisanos no constituían una organización reconocida por el gobierno belga en Londres, de modo que no recibíamos ninguna ayuda material. Muestra de ello es que al principio teníamos necesidad urgente de

dinamita, pero fueron los compañeros mineros quienes nos los proporcionaron.

Participé en una docena de acciones de sabotaje y descarrila-
miento de trenes y así me convertí en responsable de un grupo de
ataque. Mi pseudónimo era Comandante Claude. Entre los recuerdos que más me han marcado está el rescate de tres aviadores estadounidenses en 1944. Durante la guerra, fui arrestado cuatro veces,
pero por suerte pude escapar, de modo que nunca fui llevado a Alemania. Si hubiera sido capturado por los alemanes me habría suicidado. Tenía miedo de hablar bajo la presión de la tortura. Fui herido
tres veces; dos por bala en los muslos y otra en el pecho por la me-
tralla de proyectiles explosivos.

Algunas personas trataron de utilizar la fuerza de la resistencia
para satisfacer venganzas personales. Conocí el caso de un carnicero que quiso matar a su esposa. Teníamos listas de colaboradores
pronazis para eliminar. Esas listas nos las entregaba la propia población. El carnicero nos había proporcionado el nombre de una
mujer, a la que describió como peligrosa y colaboradora. Era su
esposa.

Con los años pasados y la guerra un pocos lejos, creo que debo
decir que me hice resistente por mi oposición a la falta de libertad.
La ocupación alemana era una violación de mis derechos y de los del
pueblo. Siempre he mantenido en mí el sentido de la lucha por la libertad.

El Comandante Claude se llamaba en realidad Émile Boucher, sobrevivió a las represalias contra la resistencia belga. Unos diecisiete mil de sus
miembros murieron en acciones contra el ocupante, ejecutados o en los
campos de concentración.

El ejército alemán ocupó Bélgica en mayo de 1940 y el gobierno del
país se refugió en Londres, donde se constituyó como gobierno en el
exilio mientras que el rey Leopoldo III permaneció en el país sometido
a arresto domiciliario. Muchos judíos que habían encontrado refugio
en Bélgica tras la Primera Guerra Mundial, la mayoría polacos y con la
condición de apátridas, corrieron la misma suerte que los judíos belgas,
que no fue otra que sufrir el ensañamiento que los nazis tenían con la
población hebrea. Los judíos que residían en Bélgica, fuese cual fuese

El ejército alemán ocupó Bélgica
en mayo de 1940.

su origen, vieron impotentes cómo les eran confiscados sus bienes y cómo les eran requisadas sus empresas. Asimismo, tenían prohibido ejercer determinadas profesiones y estaban obligados a llevar la estrella de David de color amarillo que los identificaba como judíos. Muchos de ellos fueron enviados a realizar trabajos forzados y deportados. Estos hechos calaron muy hondo entre la población belga, y despertó la solidaridad hacia sus conciudadanos judíos pero unos veinticinco mil de ellos fueron a parar al campo de exterminio de Auschwitz. Al final de la guerra, menos de dos mil habían sobrevivido.

Un llamamiento sorprendente

El 23 de octubre de 1941 De Gaulle, una vez más desde los micrófonos de la BBC, se dirigía a la población francesa y sus palabras no pueden, todavía hoy, dejar indiferente a nadie: tanto por su antigermanismo furibundo y visceral como por su llamamiento a la resistencia.

Ya sabíamos que el alemán es el alemán y tampoco teníamos ninguna duda de su odio y ferocidad. Estábamos seguros de que la naturaleza de esta gente desequilibrada no puede reprimir durante demasiado tiempo su naturaleza y que en seguida recurriría al crimen ante la primera crisis de miedo o enfado. Debido a que dos de los verdugos de Francia han sido disparados en Nantes y Burdeos en medio de sus armas, sus tanques y sus ametralladoras por unos pocos valientes, el enemigo ha masacrado al azar en París, Lille y Estrasburgo a cien, doscientos, trescientos franceses.

Por supuesto que los desafortunados en Vichy que se sienten aterrados por los horrores que ha causado su capitulación, se prodigan en imprecaciones pero no contra el enemigo, sino contra quienes lo han golpeado. Ayer escuché la voz temblorosa del anciano que estas personas han tomado como bandera, calificar de *crimen abominable* la ejecución de dos de los valientes. En esta fase de su terrible lucha contra el enemigo, es necesario que el pueblo francés reciba una consigna. Este lema, yo se lo daré. Procede de la Comisión Nacional de Francia que lidera al país en su resistencia, y dice así: «Es absolutamente normal y correcto que los alemanes sean asesinados por los franceses. Si los alemanes no recibieran la muerte de nuestras manos, se tendrían que quedar en casa y no harían la guerra. Más pronto o más tarde, sin embargo, todos serán masacrados, bien por nosotros o por nuestros aliados».

Charles de Gaulle pronunciando un discurso.

Aquellos de entre ellos que ahora caen bajo el fusil, la pistola o un cuchillo patriotas solo preceden a todos los demás en la muerte. En el momento en que, después de dos años y dos meses de batallas han fracasado, están seguros de poder convertir a todo el mundo, y pronto, en un cadáver o por lo menos en un prisionero.

Pero hay una táctica en la guerra. La guerra de los franceses debe ser conducida por los responsables a cargo, es decir, por mí y por el Comité Nacional. Necesitamos que todos los combatientes, tanto los del interior como los del exterior, obedezcan las instrucciones con exactitud. Sin embargo, en la actualidad, la instrucción que doy al territorio ocupado no es la de matar alemanes abiertamente. Esto lo pido por una muy buena razón, que no es otra que en este momento al enemigo le resulta demasiado fácil tomar represalias matando a nuestros soldados temporalmente desarmados. Cuando seamos capaces de atacar, recibiréis las órdenes que deseáis. Hasta entonces, paciencia, preparación, resolución. Sin embargo, para atacar en buenas condiciones, es necesario arrebatar toda autoridad a los colaboradores del enemigo. Vichy, que ha entregado nuestras armas, que prohíbe a la Flota y al Imperio moverse, excepto para combatir a los franceses y a sus aliados. Vichy que colabora con los asesinos, Vichy que le da la mano al enemigo mientras extermina, se encontrará en todos los ámbitos con la completa e implacable oposición del pueblo francés. Hasta que la justicia nacional caiga sobre Vichy, a todo lo que tiene derecho Vichy es el escarnio público, comenzando, por supuesto, por el jefe del desastre militar, la desgracia del armisticio y la desgracia de Francia: el Padre de la Derrota de Vichy.

¡Francia con nosotros!

Otra llamada (bien distinta) a la resistencia

En este discurso radiofónico de Stalin de 3 de julio de 1941 haciendo un llamamiento a la resistencia apreciamos un tono bien distinto al de De Gaulle que acabamos de leer.

¡Camaradas!, ¡Ciudadanos! ¡Hermanos y hermanas! ¡Hombres de nuestro Ejército y nuestra Marina! ¡Me dirijo a vosotros, mis amigos!

El pérfido ataque militar a nuestra tierra, iniciado el 22 de junio por la Alemania de Hitler, continúa. A pesar de la heroica resistencia del Ejército Rojo, y aunque las más selectas divisiones enemigas y las mejores unidades de la fuerza aérea han sido hechas pedazos y han encontrado su muerte en el campo de batalla, el enemigo sigue avanzando, lanzando fuerzas de refresco al ataque. Las tropas de Hitler han logrado capturar Lituania, una considerable parte de Letonia, el Oeste de la Rusia blanca y parte del Oeste de Ucrania. La fuerza aérea fascista está ampliando el ámbito de operaciones de sus bombardeos y está bombardeando Murmanks, Orsha, Mogilev, Smolensk, Kiev, Odessa y Sebastopol. Un grave peligro se cierne sobre nuestro país.

¿Cómo puede haber sucedido que nuestro glorioso Ejército Rojo haya rendido un número de nuestros ciudadanos y distritos a los Ejércitos fascistas? ¿Es realmente cierto que las tropas de la Alemania fascista son invencibles, como es pregonado sin cesar por los jactanciosos propagandistas fascistas? ¡Por supuesto que no!

La historia muestra que no hay ejércitos invencibles, y nunca han existido. [...] Lo mismo debe ser dicho hoy del ejército fascista alemán de Hitler. Este ejército aún no se ha encontrado con una seria resistencia en el continente europeo. Solo en nuestro territorio ha encontrado una resistencia seria, y si como resultado de esta resistencia las mejores divisiones del ejército fascista alemán de Hitler han sido derrotadas por nuestro Ejército Rojo, significa que este ejército, también puede ser machacado y será machacado como lo fueron los ejércitos de Napoleón y Guillermo.

No puede haber duda de que esta efímera ventaja militar para Alemania es solo un episodio, mientras que la tremenda ventaja política de la URSS es un serio y permanente factor, que tienen el deber de formar las bases para el logro de los éxitos militares decisivos del Ejército Rojo en la guerra contra la Alemania fascista [...]. En caso de una retirada forzosa de las unidades del Ejército Rojo, todo el material rodante debe ser evacuado; al enemigo no debe dejársele ni una sola máquina, ni un solo vagón, ni una sola libra de grano o un galón de fuel. Las granjas colectivas deben ser trasladadas con sus ganados y entregar su grano a la custodia de las autoridades estatales para su transporte a la retaguardia [...]. En las áreas ocupadas por el enemigo, unidades guerrilleras, montadas y a pie, deben formarse, los grupos deben organizarse para combatir a las tropas enemigas, fomentar la guerra de guerrillas por todas partes, volar puentes, carreteras [...]. En las regiones ocupadas las condiciones deben ser insoportables para el enemigo y todos sus cómplices [...].

Esta guerra con la Alemania fascista no puede ser considerada como una guerra ordinaria. No solo es una guerra entre dos ejércitos, es también una gran guerra del pueblo soviético contra las fuerzas del fascismo alemán. El objetivo de esta guerra nacional de nuestro país contra los opresores fascistas no es solo la eliminación del peligro que pende sobre nuestro país, sino también ayudar a todos los pueblos europeos que sufren bajo el yugo del fascismo alemán.

En esta guerra de liberación no debemos estar solos. En esta guerra tendremos aliados leales en los pueblos de Europa y América, incluidos los alemanes que están esclavizados por los déspotas hitlerianos. Nuestra guerra por la libertad de nuestro país se mezclará con la de los pueblos de Europa y América por su independencia, por las libertades democráticas. Será un frente unido de pueblos defendiendo la libertad y contra la esclavitud y las amenazas de esclavitud del ejército fascista de Hitler [...]. Camaradas, nuestras fuerzas son innumerables. La arrogancia enemiga pronto les descubrirá su coste. Juntos en el Ejército Rojo y en la Armada, miles de trabajadores, granjeros colectivos e intelectuales están alzándose para golpear al enemigo agresor [...]. Con el fin de asegurar la rápida movilización de todas las fuerzas de las gentes de la URSS, y rechazar al enemigo que traicioneramente atacó nuestro país, ha sido formado un Comité Estatal de Defensa en cuyas manos ha sido delegado enteramente el poder del Estado. El Comité Estatal de Defensa ha entrado en funciones y ha llamado al servicio militar de nuestro pueblo para reunirse en torno al partido de Lenin-Stalin y alrededor del Gobierno soviético así como abnegadamente para apoyar al Ejército Rojo y a la Armada, para demoler al enemigo y asegurar la victoria.

¡Todas nuestras fuerzas para apoyar a nuestro heroico Ejército Rojo a nuestra gloriosa Armada Roja! ¡Todas las fuerzas del pueblo para la demolición del enemigo! ¡Adelante, a por nuestra victoria!

Iósif Vissariónovich Stalin había participado en la Revolución de octubre de 1917 en Rusia y en poco tiempo ascendió hasta lo más alto del
poder soviético. Se distinguió por una política bastante afín a los regímenes totalitarios que combatió durante la Segunda Guerra Mundial al
lado de los aliados. Se propuso eliminar no solo cualquier oposición
sino también cualquier opositor. Durante su mandato, en la Unión Soviética reinó el terror e incluso se produjeron brotes de antisemitismo de
graves consecuencias para la población judía. Abundaron las deportaciones a campos de trabajo prácticamente idénticos a los campos nazis
y la represión ejercida no tenía nada que envidiar a la de estos. Curiosamente, fue nominado al premio Nobel de la paz en dos ocasiones: en
1945 y en 1948.

Una carta de despedida

Roger Peronneau era un miembro de la resistencia francesa, uno de tantos. Fue fusilado el 29 de julio de 1942 y de él se conserva una carta que
dirigió a sus padres el mismo día de su muerte. Es esta:

Queridos padres,
Voy a ser fusilado al mediodía (ahora son las siete y cuarto de la
tarde). Siento una extraña mezcla de alegría y emoción.
Perdón por todo el dolor que os causé, por todo el que os causo,
por todo el que os causaré. Perdón a todos por el mal que pueda
haber hecho y por todo el bien que no hice.
Mi testamento será corto. Os pido que no perdáis la fe.
Os abrazo con todo el corazón.
Vuestro hijo que os adora
                                                    Roger

2

Historias curiosas
(algunas terribles)
de una época convulsa

En una guerra la vida no se para; al contrario, sigue tanto o más activa que en época de paz. Repasamos aquí curiosidades y pequeñas historias de entonces. Encontraremos adhesiones a diversas causas, algunas anécdotas y hasta algún momento de lirismo, siempre tan necesario en la vida cotidiana y más, por supuesto, cuando esa vida cotidiana se ve agitada brutalmente por la guerra.

Franceses con Alemania

Veinte mil franceses lucharon a favor de Alemania en las Waffen SS de la división Carlomagno. Estos ciudadanos franceses eran voluntarios procedentes de la Francia ocupada y lucharon «contra la expansión del bolchevismo en el mundo». Según fue desarrollándose la guerra, su número fue disminuyendo, y en 1945, tras la batalla de Berlín, tan solo quedaban sesenta. De hecho, ya en enero de 1943 muchos miembros de esta unidad se habían incorporado a la milicia francesa, fuerza paramilitar creada entonces por el gobierno de Vichy con apoyo alemán y con el objetivo de combatir a la resistencia francesa.

Juntos (pero no revueltos) bajo tierra

Aunque no llegó a ser uno de los escenarios de combate, hubo una zona en París en la que convivieron la resistencia y los soldados nazis sin encontrarse nunca. Esa zona está bajo tierra: las catacumbas de la ciudad. La resistencia se sirvió de su extensa red de túneles para esconderse, pero

Franceses miembros de las Waffen-SS en formación.

lo más curioso es que los soldados alemanes establecieron allí, justo debajo del Lycée Montaigne, un instituto de enseñanza media, un búnker subterráneo.

Las catacumbas de París es una amplia red de túneles localizados allí donde en época romana eran las minas de piedra caliza. Muchos años después, en el siglo XVIII, empezaron a ser utilizadas como osario ante el exceso de restos humanos que entonces empezó a ser un problema en la ciudad. Hasta allí llegaban los restos procedentes de los cementerios de la ciudad y se calcula que, al finalizar la década de 1870, se habían acumulado los restos de unos seis millones de personas.

Para los miembros de la resistencia que conocían este laberíntico y extensísimo complejo de túneles, era un lugar seguro.

No se enteraron

Según dicen las crónicas, el general Charles de Gaulle, líder máximo de la Francia libre y, por lo tanto, cabeza visible de la resistencia, no se enteró del desembarco en Normandía hasta dos horas después de que este ya hubiera empezado.

Otro desinformado, y a la vez disciplinadísimo militar, fue el teniente japonés Hiroo Onoda. Mientras estaba destinado a una misión en la isla filipina de Lubang en 1944, recibió la orden de su comandante de mantenerse en su puesto «aunque la unidad de su mando sea destruida». El obediente militar acató la orden hasta 1975. Fue entonces, casi treinta años después de recibir la orden de su comandante, cuando se rindió. Estaba oculto en los bosques de la isla y no se había enterado de que la guerra había terminado mucho tiempo atrás. Como él mismo dijo en el momento de su rendición: «No me entregué antes porque no había recibido la orden de hacerlo».

El teniente coronel Hiroo Onoda, que no supo que la guerra había terminado hasta 1975.

El desarme de la resistencia

Tras la liberación, buena parte de la resistencia francesa fue desarmada ¿La causa? Muchos eran comunistas y al terminar la Segunda Guerra Mundial ya empezó a perfilarse un nuevo mundo en el que las democracias occidentales se oponían a los regímenes comunistas y se producían curiosas alianzas e incluso apoyos inexplicables, como el que recibió el régimen de Franco mientras los republicanos españoles lucharon activamente en la resistencia francesa. Quizá Franco fue en algunos casos un aliado incómodo pero un aliado al fin y al cabo.

La libertad que cae del cielo

Liberté
Sur mes cahiers d'écolier
Sur mon pupitre et les arbres
Sur le sable sur la neige
J'écris ton nom

[...]

Sur mes refuges détruits
Sur mes phares écroulés
Sur les murs de mon ennui
J'écris ton nom

Sur l'absence sans désir
Sur la solitude nue
Sur les marches de la mort
J'écris ton nom

Sur la santé revenue
Sur le risque disparu
Sur l'espoir sans souvenir
J'écris ton nom

Et par le pouvoir d'un mot
Je recommence ma vie
Je suis né pour te connaître
Pour te nommer
Liberté.

Libertad
Sobre mis cuadernos escolares,
sobre mi pupitre y los árboles,
sobre la arena y sobre la nieve
escribo tu nombre.

[...]

Sobre mis refugios destruidos,
sobre mis faros derruidos,
sobre los muros de mi aburrimiento
escribo tu nombre.

Sobre la ausencia sin deseo,
sobre la soledad ausente,
sobre los avances de la muerte
escribo tu nombre.

Sobre la salud recuperada,
sobre el riesgo desaparecido,
sobre la esperanza sin memoria
escribo tu nombre.

Y en el poder de una palabra
empiezo de nuevo a vivir
he nacido para conocerte,
para nombrarte.

Libertad

Traducción de Hervé Barre

Placa de homenaje al poeta Paul Eluard y su poema «Libertad».

Este poema titulado *Libertad* fue escrito en París en 1942 por Paul
Éluard, uno de los grandes poetas franceses. Hemos transcrito y traduci-
do solamente el primer cuarteto y los cuatro últimos cuartetos del poema
completo. Sus versos hacen referencia tanto a la guerra como a la ocupación de Francia y constituyen un canto de lucha y a la vez es un canto de
esperanza. Y resultó que un buen día los aviones aliados lanzaron copias
del poema sobre la Francia ocupada como signo de apoyo a la resistencia. Una buena idea, sin duda. Como decía el poeta español Gabriel
Celaya: «La poesía es un arma cargada de futuro». Y esta arma cayó del
cielo como si fueran proyectiles. Ojalá todos los proyectiles fueran así…

Un asesino en serie en el París ocupado

Una situación excepcional como una guerra da para muchas historias
no necesariamente relacionadas con hechos bélicos. Incluso hay historias más allá de las acciones de la resistencia en la Francia ocupada,
historias que demuestran una vez más que la realidad supera a la fic-
ción. Y eso tanto entre los resistentes como entre los ocupantes. La
población, que no podía mantenerse al margen de una realidad durísi-

Marcel Petiot era conocido también como Doctor Petiot y Capitán Valery.

ma, continuaba, como podía, con su vida. Y, por supuesto, hubo malhechores que continuaron con sus fechorías y hubo alguno que llegó entonces a la culminación de su carrera delictiva. Tal es el caso de Marcel Petiot, conocido también como Doctor Petiot y Capitán Valéry.

Este personaje siniestro fue, durante la ocupación, un informante de la resistencia. Conseguía atraer a su casa a judíos ricos haciéndoles creer que conseguiría enviarlos clandestinamente a Argentina. Una vez en su domicilio, sus víctimas —que siempre llegaban al atardecer y con todas sus pertenencias, siguiendo sus instrucciones—, aterrorizadas ante la posibilidad de que los nazis los arrestaran y los enviaran a los campos de concentración, morían a causa de una inyección de cianuro que Petiot les administraba. Les decía que les administraba una vacuna que era necesaria para inmunizarse de las enfermedades infecciosas propias de su destino. Además, les robaba sus pertenencias. Llegó a matar a sesenta y tres personas, hasta que, poco después de la liberación de París, fue detenido.

Según parece, la primera víctima de Petiot en su serie de asesinatos perpetrados en su misma casa bajo falsas expectativas de huida a Argentina fue un peletero polaco llamado Joachim Gusbinov. Hay constancia de que en enero de 1942 liquidó sus negocios y retiró dos millones de francos de su cuenta en el banco. La segunda, probablemente fue un médico, Paul Braunberger, y después ya se atrevió con una familia completa, los Kneller.

Petiot captaba a sus víctimas gracias a cuatro hombres que se dedicaban a recorrer los cafés de París. Investigando y escuchando las conversaciones que allí se producían, estos podían hablar con personas que deseaban huir a un lugar seguro. Estos cuatro personajes no fueron juzgados, pues quedó demostrado que nada sabían de lo que sucedía después en casa de Petiot, lo mismo que su esposa y su hijo, absolutamente ignorantes de sus macabras acciones.

Ya de niño era un sádico con los animales: los maltrataba y torturaba terriblemente. Los mutilaba y les arrancaba los ojos cuando todavía estaban vivos. Además, muy pronto empezó a robar, y su primer delito destacable fue la sustracción continuada de correspondencia en los buzones. También podía ser considerado ya entonces como un pirómano. Con el tiempo y gracias a su inteligencia —tenía un alto coeficiente intelectual— y encanto personal llegó a hacerse un lugar en el ejercicio de la medicina, su profesión, y en la política. En 1927 fue alcalde de Villeneuve-sur-Yonne y allí se casó y tuvo un hijo. Desde su puesto en la alcaldía continuó delinquiendo, aunque se trataba de acciones de poca importancia si lo comparamos con lo que vino después. En 1930 llegó a ser acusado de participar en el robo de unos almacenes de la ciudad de donde era alcalde, y se vio obligado a dejar su cargo acusado de malversación de fondos y de apropiación de dinero público. También fue entonces, ese mismo año, cuando una de sus pacientes fue robada y asesinada y los rumores que circulaban en la ciudad era que Petiot era el autor del crimen. Otra mujer de la ciudad, que le acusó de haber convertido a su hija morfinómana, despareció misteriosamente. A causa de todo ello, no podía continuar viviendo en Villeneuve-sur-Yonne y se fue a París, donde se instaló. Allí abrió su consultorio. Al cabo de un tiempo, en 1936, fue arrestado por el robo de un libro, pero pudo evitar el ingreso en prisión, ya que fue considerado un enfermo mental, lo que supuso su ingreso en una clínica psiquiátrica. Después, ya al inicio de la guerra, fue procesado por tráfico de drogas —además, él era adicto a la morfina—, pero gracias a su habilidad en el juicio fue puesto en libertad tras el pago de una pequeña multa. Fue entonces cuando decidió iniciar su carrera de asesino en serie a base de un plan calculado. Cuando, años después, ya finalizada la guerra y la ocupación, Petiot fue sometido a un proceso por los graves crímenes por los que tristemente ha pasado a la historia, se procedió a la investigación de estos hechos sin suerte, dado que los informes de los archivos policiales de Villeneuve-sur-Yonne habían desaparecido.

La detención de Petiot se produjo a causa de la alerta de sus vecinos, que veían salir un humo negro y grasiento de la chimenea de su casa y por el olor insoportable que hacía. Era el 11 de marzo de 1944. Llegaron los bomberos, ya que salían llamas de la chimenea, y estos entraron por el sótano. Allí encontraron un montón de cuerpos humanos mutilados. De inmediato llegó la policía y Petiot fue interrogado allí mismo. Él, frío como siempre, sin despertar la más mínima sospecha por nerviosismo o contradicciones en su apresurada e improvisada explicación —¿quizá la había preparado por sin llegaba el momento?— sorprendió a los policías cuando dijo que aquellos eran cadáveres de su propiedad: lo que quedaba de alemanes y colaboracionistas que habían sido asesinados por la resistencia y que esta se los había confiado con el fin de que se deshiciera de ellos. La policía no solo no lo detuvo ni tuvo la más mínima sospecha sino que incluso lo felicitaron por su patriotismo. Petiot huyó poco después en compañía de su esposa y de su hijo. Y escapó justo a tiempo, ya que la policía volvió y pudo comprobar que aquellos cadáveres no eran de alemanes ni de colaboracionistas, sino de judíos que habían desaparecido sin dejar rastro. Incluso los alemanes, al enterarse de la situación, enviaron un telegrama a la policía francesa: «Orden de las autoridades alemanas. Arrestar a Petiot. Lunático peligroso». Entre la resistencia hubo quien pensó que Petiot era una víctima y no un verdugo, pero la policía optó por seguir investigando y registrar su domicilio. Allí hallaron cerca de ciento cincuenta kilos de tejido corporal calcinado y diversos cuerpos que estaban en proceso de descomposición en un pozo con cal viva que había en el garaje de la casa.

Petiot, siempre dando muestras de inteligencia, empezó entonces a redactar cartas que envió al periódico *Résistance*. Tuvo la prudencia de hacerlo bajo un nombre falso, pero las escribió a mano, un grave error que ayudó a su detención definitiva. En esas cartas decía que los cadáveres que había en su casa los había dejado allí la Gestapo.

El juicio empezó el 15 de marzo de 1945 y sirvió también para inculpar a su hermano Maurice, ya que este le proporcionaba la cal viva. Maurice declaró que la cal le servía para matar cucarachas pero pudo comprobarse que llegó a suministrarle casi media tonelada, de modo que fue acusado de complicidad criminal. Petiot, mientras esperaba el inicio del juicio, dijo a los guardianes de la prisión en la que estaba retenido: «No dejen de acudir a mi juicio. Va a ser maravilloso y todo el mundo se va a reír». El juicio duró tres semanas y fue declarado culpable. Además, fueron establecidas indemnizaciones para los familiares de las víctimas. Petiot fue guillotinado el 26 de mayo de 1946. Antes de morir se dirigió a los asistentes y les dijo: «Señores, les ruego que no miren. No va a ser bonito». De los doscientos millones de francos que se estima que consiguió a costa de sus víctimas no quedó ni rastro.

Un castigo ejemplar

Durante cualquier guerra, no solamente durante la Segunda Guerra Mundial, la destrucción es algo habitual. En el pequeño pueblo francés de Ora-

La tragedia se cebó en los habitantes de Oradour-sur-Glane.

dour-sur-Glane, la destrucción total llegó como castigo ejemplar, como alerta para quienes colaboraran con la resistencia. El pueblo, que dejó de existir el 10 de junio de 1944, contaba entonces con seiscientos cuarenta y dos habitantes. La causa del ataque se debió a una confusión, puesto que los alemanes pretendían llegar a Oradour-sur-Vayres. En esta población se refugiaba un grupo numeroso de la resistencia francesa y se propusieron destruirlo todo, incluida la totalidad de la población, como aviso para otras. Pero, por error, lo hicieron en Oradour-sur-Glane. Según las crónicas, todo fue lento, muy lento. Los nazis obraron con sadismo. Primero reunieron a los hombres en establos, y allí les dispararon en las piernas con la finalidad de que su muerte fuera lenta y dolorosa. Las mujeres y los niños fueron llevados a la iglesia. Allí la muerte era segura. La iglesia fue incendiada y quienes no murieron abrasados en su interior, lo hicieron al intentar escapar, pues a la salida les esperaban las ametralladoras.

Actualmente, la población de Oradour-sur-Glane sigue deshabitada, pues el gobierno francés decidió que permaneciera así como recuerdo. Recientemente, el 4 de septiembre de 2013, visitaron la población los presidentes de Francia, François Hollande, y de Alemania, Joachim Gauck. La razón era rendir homenaje a las víctimas y cerrar la herida entre ambos países en un lugar de gran contenido simbólico. Para el presidente francés, la visita de Gauck «representa un símbolo, el símbolo de una historia, de un pasado que se debe mirar de frente, de una verdad que debe ser dicha, proclamada, reconocida en presencia de las familias, pero también de los supervivientes. Usted ha hecho esa elección, que le honra y que al mismo tiempo nos obliga a emprender, una vez reconocido el pasado, una preparación audaz del futuro». La respuesta de Gauck fue: «Usted ha querido que esté a su lado en Oradour para que recordemos las atrocidades que cometieron los alemanes de aquella otra Alemania. Acepto su proposición con una mezcla de reconocimiento y humildad». La referencia de Gauck a «aquella otra Alemania» es de una importancia evidente por romper con un pasado vergonzoso, y al respecto añadió: «Esta Alemania que tengo el honor de representar es una Alemania distinta que se avergüenza de nuestros recuerdos».

Una huida más bien tranquila e incluso plácida

Durante la Segunda Guerra Mundial, la ayuda a los que la necesitaban podía llegar a veces de donde uno menos lo esperaba, tal es el caso al que ahora nos referimos, marcado por distintos apoyos a favor de sus protagonistas, dos familias judías alemanas que, tras el serio aviso que supuso «la noche de los cristales rotos» de 1938, buscaron salir de Alemania con la máxima seguridad posible. Pensar en la diplomacia fue un acierto y en su huida hubo tiempo para dedicarlo al turismo por una hermosa ciudad.

En una entrevista realizada en 1990, una superviviente judía de la Segunda Guerra Mundial, Johanna Gerechter Neumann, nacida en Hamburgo en 1930, recordaba cómo su familia y la familia Meyer consiguieron visados para partir hacia Albania ante el peligro que suponía permanecer en Alemania. «Era buscar asilo donde fuera. Y las posibilidades eran muy pero muy limitadas. Pensaron en Inglaterra. Pero Inglaterra exigía una suma sustancial de dinero como depósito de seguridad por cada uno que ingresara allí. No estoy segura de cuál era la suma y no creo que mis padres hubieran podido pagarla, y al parecer la familia Meyer tampoco podía, así que tuvimos que buscar otros modos de salir. Creo que mi padre, bueno, no es que crea, lo sé, tenía primos en Argentina. Era muy difícil ir a Argentina. Uno tenía que demostrar que de algún modo estaba vinculado profesionalmente con la agricultura, y, por supuesto, él no podía demostrarlo. Era un hombre de negocios de cabo a rabo. Entonces eso estaba descartado. De algún modo, no estoy cien por cien segura de cómo surgió esta posibilidad de Albania, pero lo que siempre me dijeron fue que mi madre había conocido a un cónsul albanés en Alemania en un fiesta de *bridge*, y durante la conversación le contó que él iba a casarse y quería ir de luna de miel a Suiza. Mis padres y la familia Meyer le prestaron algo de dinero. A cambio, nos consiguió, bueno, quizá no a cambio; no quiero que parezca que fue un soborno... Creo que en realidad pudo darles visados para ir a Albania honesta y oficialmente. Nos fuimos con diez marcos por persona. Llevábamos el pequeño paquete que habíamos hecho en Hamburgo, y eso era lo único que teníamos. Llegamos a Bolonia al día siguiente y una vez allí no sabíamos qué hacer, porque para entonces ya habíamos usado los diez marcos la noche que pasamos en Munich, y la familia Meyer, de cinco personas, y los tres integrantes de la familia Gerechter estábamos de pie en el andén en Bolonia sin tener idea de adónde ir. Para nuestra sorpresa, la comunidad judía de Italia había organizado a los estudiantes italianos y, al parecer, en muchas ciudades donde llegaban trenes procedentes de Alemania estos estudiantes se las arreglaban para estar ahí y se ocupaban de recibir a los alemanes y a los demás inmigrantes que huían de Alemania. Bien, recuerdo que dos estudiantes nos tomaron de la mano, nos llevaron a un hotel muy bonito y nos cuidaron durante toda una semana hasta que pudimos recibir dinero de nuestros parientes de Estados Unidos, y lo mismo le pasó a la familia Meyer. El dinero tenía que transferirse, y supongo que por entonces ya había telegramas, por supuesto, pero no sé cuánto tiempo tardaban esas cosas. Lo cierto es que esos estudiantes en Bolonia nos cuidaron una semana entera, nos mostraron la ciudad, nos alimentaron, nos llevaron a comer a restaurantes y cubrieron todas nuestras necesidades hasta que pudimos pagar nuestro pasaje de tren de Bolonia a Bari. En Bari nos embarcamos hacia Albania».

Sabotajes nazis en Nueva York

En 2011 una noticia saltó a las páginas del periódico *The Times* y su eco llegó a todo el mundo. Se habían hecho públicos unos documentos de los servicios secretos británicos que revelaban un plan de sabotaje contra la ciudad de Nueva York a cargo de los nazis. Se trataba de crear el caos y el terror con la voladura de fábricas, de negocios propiedad de judíos, de presas, carreteras y vías férreas. Era un caso insólito de resistencia, ya que procedía de los nazis y su ámbito de actuación excedía los límites del continente europeo. Los saboteadores debían llegar a la ciudad norteamericana en un submarino. Era la Operación Pastorius, nombre dado por el almirante Wilhelm Canaris, jefe de los servicios secretos alemanes, en honor de quien fuera líder de la primera organización de trabajadores alemanes en América, Francis Daniel Pastorius. Pero fracasó a causa de que el submarino encalló.

La operación la dirigía George Dasch, ciudadano alemán que había vivido muchos años en Estados Unidos y que, por cierto, y a diferencia de los saboteadores que tenía a su cargo, no era nazi, e incluso llegó a pasarse al bando aliado. Estos habían recibido instrucciones acerca de la fabricación de todo tipo de explosivos, pero debían esperar cierto tiempo antes de pasar a la acción. Las órdenes eran llegar y ocultarse, organizarse para llevar a cabo acciones de sabotaje contra la maquinaria bélica norteamericana —volar puentes, trenes, dificultando la fabricación de aviones, etc.— y finalmente provocar el caos con la acción de Nueva York.

Un suceso previo al embarco hacia América del grupo no hacía presagiar su éxito. Ocurrió que Herbert Haupt, uno de los saboteadores, se emborrachó en el bar del Hôtel des Deux Mondes tras la cena de despedida de que fueron objeto los miembros del grupo en París, y dijo en voz alta a los allí congregados que era un espía.

Se hicieron a la mar y el submarino, como apuntábamos más arriba, encalló cerca de la playa de Amagansett en Long Island. Tal como escribió más tarde Victor Rothschild, jefe de contraespionaje del MI5, «solo por culpa de la pereza y estupidez de la guardia costera norteamericana no se atacó aquel submarino». Gracias a un bote de goma, los saboteadores llegaron hasta la orilla, pero lo hicieron vestidos con sus uniformes del ejército alemán, por lo que podían ser fusilados por espionaje si eran descubiertos. Así pues, una vez en tierra, enterraron los uniformes en la playa. Entonces llegó un guarda costero y le explicaron que eran pescadores y que su barca había encallado. El guarda no sospechó nada y quedó convencido, gracias a lo cual pudieron tomar un tren que les llevó a Nueva York. Al cabo de una semana el plan quedó definitivamente abortado ya que Dasch telefoneó al FBI en Washington para informarle de que era un saboteador y que quería hablar con el director del cuerpo, Edgar Hoover. No pudo hablar con él pero sí lo hizo con el subdirector, D. M. Ladd, quién no dio crédito a la confesión de Dasch. Pero cuando este sacó un maletín, extrajo de su interior ochenta y cuatro mil dólares y los puso sobre la mesa explicando que aquella cantidad era la destinada para llevar a cabo el plan, lo creyó. Los saboteadores del grupo de Dasch y los de otro grupo que había desembarcado en Florida fueron detenidos de inmediato. Todos ellos fueron declarados culpables y condenados a muerte. Dasch salvó la vida gracias a que su pena de muerte fue conmutada por treinta años de cárcel, aunque fue puesto en libertad solo seis años después, en 1948, y entonces regresó a Alemania.

Una ayuda llegada del cielo

Durante la ocupación alemana de Francia, la resistencia contó con una ayuda llegada del cielo: las palomas. Sucedió que los servicios de espionaje británicos usaron palomas mensajeras para enviar mensajes a Francia adheridos a los cuerpos de estas aves. Pero estas informaciones eran falsas y su objetivo era engañar a los nazis. La llegada a Francia de estas palomas en las jornadas anteriores al Día D fue importante para el

Las palomas mensajeras también tuvieron su papel en la Segunda Guerra Mundial.

triunfo aliado en el desembarco de Normandía, ya que los alemanes contaban con unas informaciones engañosas llegadas desde el cielo.

Resistencia, supervivencia...

El periodista e historiador francés Henri Amouroux escribió en 1961 un libro titulado *La vida de los franceses bajo la ocupación*, todo un clásico para conocer este periodo convulso. Las informaciones que proporciona acerca de aspectos muy concretos de la vida cotidiana de entonces nos evocan un mundo difícil, una situación que a menudo, más que de resistencia, cabe hablar de supervivencia. Probablemente, resistencia y supervivencia debieron ir de la mano. Amouroux se hace eco de la publicación en diversos periódicos del país de un aviso que es fiel reflejo de una situación de práctica miseria:

¡Atención comedores de gatos!
En estos tiempos de restricciones, algunas personas hambrientas no vacilan en capturar gatos para hacer con ellos un buen estofado. Estas personas no saben el peligro que les amenaza. En efecto, los gatos, que tienen como fin utilitario matar y comerse las ratas portadoras de los bacilos más peligrosos, pueden ser, por tanto, especialmente nocivos [...].

Como añade después Amouroux, «es la época en que los cuervos se venden a diez francos la pieza en el mercado de Lyon, que en Burdeos el número de palomas de la plaza Pierre Laffitte pasa de cinco mil a ochenta y nueve, la época de los nabos amarillos, de las gallinas instaladas en la esquina del balcón en lugar de geranios, la época de las cartillas de pan, de los tickets verdaderos o falsos, de las colas, de las complicidades, de los amigos aldeanos, de los niños que tienen hambre.
»La época de los que siempre se quedan con hambre al comer, la época de los que comen demasiado para no dejar que nada *se eche a perder* y porque ignoran *lo que va a pasar mañana*. La época del mercado negro, de los engaños en el peso, en el nombre y en la calidad, del queso con el cero por ciento de materia grasa, del tabaco sin tabaco, del azúcar cambiado por un neumático de bicicleta. La época en que los niños

La situación en la Francia ocupada era más de supervivencia que de resistencia.

aprenden a robar para comer y en que los padres se jactan de los escandalosos y extraordinarios esfuerzos que ha costado llevar a la mesa de la familia el pan y el vino».

Recordaba el autor que «con el propósito de no dejar el menor pedazo de tierra improductivo se llegará incluso a cultivar el jardín de las Tullerías», las carnicerías permanecerán cerradas «por falta de carne» y se inventarán mil y un ingenios para extraer algo de alimento de donde fuera. Por supuesto, hubo mercado negro e intercambio de productos más allá del habitual funcionamiento del comercio con dinero. Resistir era sobrevivir, y al revés. Y en la Francia ocupada no se confiaba en el gobierno de Pétain, había que combatirlo.

Las proclamas de Pétain llegan a ser de un cinismo insultante cuando, precisamente el día 25 de junio de 1940, día de entrada en vigor del vergonzoso armisticio con los alemanes, se dirigió a los franceses por radio y les dijo que «de ahora en adelante deberemos orientar nuestros esfuerzos hacia el futuro. Un nuevo orden comienza». ¿El nuevo orden era vivir bajo mínimos o, en ocasiones, ni eso, y no hacer nada? Pero Pétain, consciente de la situación y sin ánimo de esconder una realidad más que evidente, añadía: «Deberéis sufrir mucho todavía». Aunque con un optimismo fuera de lugar mostraba una confianza en el futuro que, sin duda, nadie compartía cuando dijo que «una nueva Francia surgirá de vuestro fervor». Suponer que la sufrida población francesa tenía algo de fervor, era mucho suponer. La nueva Francia, ¿era la ocupada? ¿La que se rindió ante los alemanes sin plantar cara? ¿La de Vichy?

Pocos meses después, el 30 de octubre del mismo año, Pétain volvió a dirigirse a los franceses para explicarles cómo andaban las cosas y en qué consistía esa «nueva Francia»:

Franceses,

Como muchos sabéis, el pasado jueves me reuní con Adolf Hitler, canciller del Reich alemán. Esta reunión ha despertado esperanza en algunos y en otros ha causado preocupación. Creo que debo algunas explicaciones al respecto.

Esta entrevista ha sido posible, cuatro meses después de la derrota de nuestras armas, gracias a la dignidad de los franceses ante la dura prueba de la derrota, gracias al tremendo esfuerzo de regeneración al que se prestan, gracias al heroísmo de nuestros marineros, la energía de nuestros jefes coloniales y a la lealtad de nuestros pueblos indígenas. Francia se ha recuperado. Esta primera reunión entre el vencedor y el que ha perdido marca la primera recuperación de nuestro país. Acudí a la reunión libremente tras la invitación del Führer. No he recibido de él imposiciones ni presión. Solo se ha propuesto una colaboración entre nuestros dos países y he aceptado. Los detalles se discutirán más adelante.

A todos los que esperan el apretón de manos de Francia, quiero decirles que esta es la primera vez que Francia les tiende la mano. A todos aquellos cuyos escrúpulos les llevan lejos de nuestro pensamiento, quiero decirles que el primer deber de todos los franceses es tener confianza. A todos los que dudan y todos los que se obstinan en el pasado, debo recordarles que la más bella de las reservas y el orgullo con el tiempo acaban perdiendo su fuerza.

Es el deber de cualquier persona que se haya hecho cargo de los destinos de Francia crear el ambiente más propicio para la salvaguarda de los intereses del país. Para mí es un honor mantener la unidad francesa —una unidad de diez siglos— dentro de una actividad constructiva del nuevo orden europeo. Por ello, entro hoy en el camino de la colaboración. De esta manera, en un futuro próximo, podría ser aligerada la carga de sufrimiento en nuestro país, mejorada la situación de nuestros presos de guerra y reducida la carga de los costes de ocupación, así como relajada la línea de demarcación y las instalaciones de administración de los ocupantes. Esta colaboración debe ser sincera. Se deberá erradicar cualquier pensamiento de agresión. Debe consistir en un esfuerzo de confianza y paciencia. El armisticio, además, no consiste solo en la paz. Francia tiene entre sus manos muchas obligaciones en relación con el vencedor. Por ejemplo, Francia es soberana en sus territorios, y esta soberanía le obliga a defender su tierra para extinguir las diferencias de opinión y mitigar la disidencia en sus colonias. Esta es mi política. Los ministros son responsables ante mí. Soy yo solo a quien la historia juzgará. Hasta la fecha he utilizado la forma de hablar de un padre. Hoy deseo emplear el idioma de la razón.

Síganme. Mantengan su fe en la eterna Francia.

Pocos le hicieron caso y muchos ya estaban en la resistencia, a los cuales entonces se añadieron otros muchos más. Pétain llegó a ser un personaje odiado y prueba de ello es que en la actualidad ni una sola calle en Francia lleva su nombre. También hay que decir que el último pueblo que decidió eliminar la calle Mariscal Pétain no lo hizo hasta el mes de enero de 2011. Quizá fue este el último acto muy tardío, demasiado tardío, de la resistencia, pero quizá también la expresión de su victoria total. Fue el pequeño pueblo de Tremblois-lès-Carignan, de poco más de cien habitantes, situado en el departamento de las Ardenas, en el noreste de Francia. El pueblo contaba con tan solo tres avenidas y una de ellas, de apenas doscientos metros de longitud, llevaba el nombre de Pétain. Los nueve miembros de la corporación municipal votaron por unanimidad el cambio del nombre de la calle. De llamarse Mariscal Pétain pasó a llamarse Belle-Croix, en referencia a la capilla que se halla allí mismo.

De hecho, si esa calle llevaba el nombre del polémico personaje no tenía más trascendencia para el alcalde de la ciudad: «Somos simplemente un centenar de habitantes en un pueblo con tres calles con nombre de tres héroes de la Primera Guerra Mundial». Los otros dos héroes son Ferdinand Foch y Joseph Joffre.

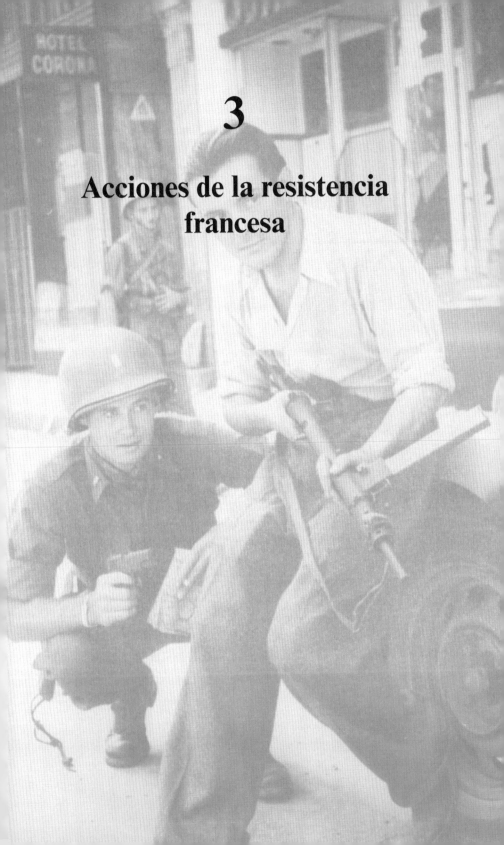

3

Acciones de la resistencia francesa

La resistencia francesa fue muy importante tanto por la trascendencia de sus acciones como por su implantación en el territorio ocupado. Aquí referiremos unas pocas de esas acciones que ayudaron, alguna de ellas de un modo importante, en el desenlace de la guerra y, por consiguiente, en el triunfo aliado.

El poder de la información y de la tenacidad

El 17 de junio de 1940 el mariscal Pétain se dirigía al pueblo de Francia por radio. Entre los oyentes, en la población de Vierzon, en el mismo corazón del país, se cuenta una mujer de cuarenta y siete años, Berty Albrecht. Esta feminista y socialista nacida en Marsella en el seno de una familia protestante de origen suizo que pudo proporcionarle una buena formación, reaccionó ante las palabras de Pétain llorando y diciendo: «No es posible, pide el armisticio... ¡Qué vergüenza!».

Tiempo atrás, Vierzon había sido declarada «ciudad abierta» por el alcalde, hecho este que merece un comentario. Vierzon, tras la fusión de cuatro comunas en un único municipio, contó desde 1937 con un alcalde comunista, Georges Rousseau, a consecuencia del resultado de las elecciones municipales. Al igual que las alcaldías comunistas de Francia, la municipalidad de Vierzon fue suspendida en 1939. La causa de esa suspensión era por el hecho de que el Partido Comunista Francés se inhibió de la guerra por fidelidad a la Unión Soviética bajo el mando de Stalin, quien había firmado un pacto de no agresión con la Alemania nazi. Dos años después, el gobierno de Vichy nombró un consejo formado por personalidades fieles al régimen. Los avatares de la guerra no afectaron gran cosa a las preferencias políticas de la población y en las elecciones municipales de 1945, ya en tiempo de paz, la lista más votada fue la de izquierda, una alianza progresista con dominio comunista. La denominación «ciudad abierta» en tiempos de guerra supone que, ante la inminencia de un posible ataque, la ciudad se rendirá sin combatir, de modo que la población no estará en peligro, lo mismo que el patrimonio histórico y artístico que esta alberga.

Pero Vierzon, a pesar de su carácter de «ciudad abierta», se vio en la necesidad de defenderse ante los ataques alemanes. Un regimiento de senegaleses defendía la plaza, pero finalmente los nazis la ocuparon tras bombardearla. La ocupación subsiguiente por parte de los soldados de la Wehrmacht fue un periodo difícil para sus habitantes: escaseaba el agua y prácticamente no quedaban alimentos. Además, la comunicación telefónica era imposible.

Esta situación, que provocó la airada reacción de Berty Albrecht ante las palabras de Pétain, demandaba una reacción. ¿Qué se podía hacer? Francia ya estaba dividida en dos zonas, la ocupada al norte y la libre al sur, pero el emplazamiento de Vierzon, justo en el centro, provocó que la ciudad se viera partida en dos pues la línea de demarcación la atravesaba.

Placa en homenaje a Berty Albrecht, heroína de la resistencia.

Berty, enamorada de Henri Frenay, un militar del que por entonces no tenía noticias, sufría la situación de aislamiento en Vierzon como un régimen de cautividad. Logró comunicarse por carta con Henri y supo de la odisea que este había sufrido recientemente: fue hecho prisionero y se escapó algunos días después. Tras andar durante tres semanas atravesó (clandestinamente, por supuesto) la línea de demarcación y llegó a Lyon, después a Marsella, donde se puso a las órdenes del ejército controlado por el régimen de Vichy. Henri propuso a Berty que se reunieran con él, y ella, por el tono de su carta, se dio cuenta de que su amado había cambiado. Henri, de familia católica y conservadora y militar por tradición familiar, nada tenía que ver con Berty, a pesar de que ambos, tan distintos ideológicamente y por extracción social, se amaban. Berty estaba convencida de que la influencia que ella ejercía en Henri había sido fundamental en su cambio; ahora lo veía como un rebelde. Empezó entonces el compromiso activo de ambos con la resistencia. Por entonces, estaban de acuerdo en que lo primero era luchar contra la desinformación de Vichy, tan nefasta para la población como la propaganda nazi. Y a esa lucha se consagraron con pasión y tenacidad. Henri y Berty se sirvieron de los medios a su alcance y crearon un boletín de información en el que se hacían eco de las informaciones que procedían de la radio suiza, de la BBC y, por supuesto, de cuanto podían saber tanto de las actividades nazis como del régimen de Vichy, que estaba reprimiendo a grupos y personas de izquierda, a judíos y a masones, en abierta connivencia con los alemanes. Henri pasó del ejército a la clandestinidad y, con Berty, se estableció en Lyon, ambos en apartamentos separados, aunque bastante cercanos entre sí. Cabe recordar que Henri y Berty no solo no estaban casados sino que ella sí que lo estaba legalmente, aunque separada desde hacía tempo. Berty había contraído matrimonio años atrás con un hombre ideológicamente más afín que Henri, pero al que ya no quería y que vivía en Londres.

Las colaboraciones con otros miembros de la resistencia hicieron crecer tanto en el número de ejemplares como en importancia aquello que en un principio fue un modesto boletín informativo, y sus artífices llegaron a plantearse la posibilidad de crear un auténtico periódico para las dos zonas. Y así fue. El periódico se llamó *Vérités* en la zona sur, y *Résistance* en la zona norte. El éxito de la publicación fue considerable y, a artículos de opinión e información acerca de cuanto acontecía y merecía ser reseñado, se añadían extractos de otros periódicos e incluso una crónica religiosa. La influencia del periódico a ambos lados de la línea de demarcación fue considerable. Sobre la base de este diario en dos ediciones se creó más adelante un periódico único, *Combat*, cuyo primer ejemplar, ya con una tirada de veinticinco mil ejemplares, apareció en diciembre de 1941. Del artesanal y casi testimonial boletín de Henri y Berty a *Combat*, donde participaron diversos y cualificados miembros de la resistencia, la progresión era evidente. El lema de *Combat* era una cita de Clemenceau: «En la guerra, como en la paz, la última palabra es de aquellos que no se rinden jamás». Pero la situación de Berty y Henri iba complicándose. Se sentían vigilados y amenazados. En Lyon, a principios de 1942, los arrestos empezaron a ser numerosos. Berty seguía en la ciudad, pero los viajes de Henri a la zona libre eran habituales. Un miembro de la redacción de *Combat* había escuchado una conversación entre dos nazis en el curso de la cual se hablaba de la publicación como «la prensa de M. Frenay». Este compañero alertó a Berty. La inquietud iba creciendo. Además, un contacto de *Combat* fue detenido cuando llevaba consigo diversos ejemplares de la publicación y, lo más grave y ya para empeorar las cosas, una lista con nombres y direcciones comprometedores. Empezaron entonces las detenciones en las dos zonas y una campaña calumniosa contra *Combat*. Por entonces, *Combat* ya era mucho más que una publicación incómoda para unos y necesaria para otros: era un auténtico movimiento en el que se hallaban comprometidas muchas personas; era parte activa de la resistencia organizada.

Berty se propuso crear un servicio social para los presos de *Combat* y sus familiares, y a ello se dedicó con su pasión habitual y siempre sorteando las dificultades económicas y la vigilancia. Pero no pasó mucho tiempo hasta que Berty fue «cazada». No fue a prisión pero se la recluyó en «internamiento administrativo» en Vals-les-Bains, un pueblecito famoso por sus aguas termales, situado en el departamento de l'Ardèche, en la región de Rhône-Alpes. Allí entró en contacto con un variado muestrario de opositores y conspiradores: judíos, masones y miembros de la resistencia, pero también oficiales rebeldes e incluso hombres de negocios.

Inquieta por la inactividad de su forzado reposo en Vals-les-Bains y por las inquietantes noticias que llegaban sobre el aumento de la represión por parte del régimen de Vichy, Berty, inspirada por la repercusión que había tenido la huelga de hambre del alcalde de la ciudad irlandesa de Cork, se planteó iniciar una huelga de hambre. Cabe recordar que la huelga del alcalde de Cork tuvo como motivo alertar a la opinión pública internacional acerca de la represión que el gobierno y el ejército británicos sometían a Irlanda. El alcalde de Cork se llamaba Terence Joseph MacSwiney (en irlandés, Tordhealbhach MacSuibhne) y había nacido en aquella ciudad en 1879, la misma en que murió en 1920, justo el año en que fue elegido alcalde por el Sinn Féin, en plena guerra de la independencia irlandesa. A pesar de ser un cargo público fue arrestado acusado de sedición y murió en la cárcel de Brixton, en Inglaterra, tras setenta y cuatro días de huelga de hambre. Su muerte sirvió para que el mundo supiera de la situación en Irlanda y la guerra de independencia pasó a ocupar un lugar destacado en las crónicas de actualidad de la época, de modo que de un asunto interno del Reino Unido, la causa irlandesa se convirtió en noticia internacional. El gobierno británico, en cambio, optó por ignorar las demandas de MacsWiney, que no eran más que protestar por su reclusión injusta e injustificable además de por el hecho de que le iba a juzgar un tribunal militar, lo cual, especialmente en tiempo de guerra, suponía un proceso sin garantías democráticas. La postura del gobierno británico estaba bien clara: «La liberación del alcalde tendría unos efectos desastrosos en Irlanda y provocaría probablemente una rebelión del ejército y la policía del sur de Irlanda». El gobierno de Estados Unidos amenazó con un boicot a los productos británicos, las protestas en Europa adquirieron cierta notoriedad, especialmente en Alemania y en Francia, y diversos gobiernos de países sudamericanos solicitaron la mediación del Papa, que por entonces era Giacomo Battista della Chiesa, Benedicto XV.

Así pues, Berty, como decíamos inspirada por el ejemplo del alcalde de Cork, inició una huelga de hambre el 19 de junio de 1942 junto con otros compañeros en protesta por las acciones del régimen de Vichy, artífice de unas leyes que calificaba de «tiránicas». El movimiento de protesta pronto se extendió. Al noveno día de huelga de hambre Berty fue llevada al hospital. Su estado de salud era muy grave. Henri recibió una carta suya en la que podía leerse: «Estoy decidida a llegar hasta el final. Al perder la vida ganaré una paz que me resulta inexpresable». Berty, que en los últimos años había iniciado un retorno a la religión, añadía que «esta vez, mi vida está en manos de Dios». Tres días más tarde, ya el duodécimo de huelga de hambre, Berty dejó su internamiento en Vals-les-Bains pero no porque fuera liberada sino porque fue trasladada primero al hospital de Aubenas y después a la cárcel de mujeres de Saint-Joseph. Allí, la salud de Berty se resintió tanto a nivel físico como emocional. Estaba hundida. Henri supo de su grave situación y, de paso por Londres, visitó al esposo de su amada para explicárselo, quien reaccionó airadamente: «Es infamante». Había que hacer algo, pero ¿qué?

El 19 de octubre de 1942 empezó el proceso contra Berty y una cincuentena de miembros de *Combat*. Ante previsibles actos de la resistencia, las precauciones eran extraordinarias. Las audiencias se prolongaron por espacio de cuatro días, en el curso de las cuales Berty asumió su propia defensa. Las resoluciones del 30 de octubre se referían a *Combat* como una organización «subversiva cuyo jefe es el general de Gaulle, a sueldo de Inglaterra».

Mientras Berty cumplía la condena de seis meses de cárcel, cierto día simuló un ataque de histeria y logró así que el 28 de noviembre la trasladaran en ambulancia a un asilo para enfermos, donde se encontraba mucho mejor que en prisión, aunque seguía profundamente triste y deprimida. Un mes más tarde, el 23 de diciembre, tres miembros de la resistencia la liberaron de su reclusión sin incidentes. Llegaron en automóvil a Vernaison, cerca de Lyon, un lugar tranquilo. De pronto, llegó la alerta de que la Gestapo estaba buscando un fugitivo en la zona y Berty fue trasladada a una casa deshabitada. Pero de allí debía marchar cuanto antes y fue conducida a otra más segura, cerca de una iglesia. Por cierto, allí Berty pidió ayuda al sacerdote, quien se la negó. «Sabe usted mejor que yo que Dios juzgará sus actos», le dijo Berty. El cura, al menos, no la delató pero su comportamiento distaba mucho de ser no ya heroico sino simplemente humano. En cambio, una anciana le abrió las puertas de su humilde casa y al día siguiente un automóvil recogía a Berty allí para llevarla al encuentro con Henri. Ambos hablaron sin parar. Tenían tanto que contarse… Berty estaba decidida a continuar con la labor de ayuda social de *Combat*, en aquel momento más necesaria que nunca, pero Henri intenta disuadirla de ello. Berty estaba agotada y debía recuperarse en un lugar seguro. Fue entonces cuando los tres movimientos de resistencia —*Combat, Libération y Franc-Tireur*— se federaron y surgieron así los MUR o Movimientos Unidos de Resistencia. Berty dijo a Henri que no podría soportar un nuevo arresto ni otra reclusión: «Si

Franc-Tireur, Combat y *Libération* fueron las principales publicaciones en manos de la resistencia.

vienen a detenerme, me mataré». Ambos, escondidos en casa de una familia de confianza, gozaron de cierta tranquilidad durante algún tiempo, pero finalmente Henri tuvo que marchar de nuevo a Londres. El 28 de mayo, Berty decidió salir de su voluntaria y cómoda reclusión para asistir a una reunión de los MUR. Mientras estaba esperando a que llegara la hora acordada en el lugar señalado se vio rodeada de pronto por cuatro hombres: «¡Atención amigos, es la Gestapo, atención, la Gestapo!», gritó para alertar a sus compañeros. Los cuatro hombres empezaron a golpearla para hacerla callar. Fue llevada a París y el 30 de mayo entraba en la cárcel de la capital francesa. Un día después se suicidó tal como tenía previsto hacer si llegara el caso. Dejó escrito: «La vida no vale gran cosa, morir no es tan grave. Lo importante es vivir conforme al honor y al ideal de cada uno».

Su memoria continúa viva en Francia en la actualidad y no es difícil encontrarse con calles y escuelas que llevan su nombre. De Gaulle la definió como «francesa de un coraje excepcional y de una fe patriótica incomparables. Pero de Gaulle, para quien el suicidio era un signo de debilidad, declaró que «murió por Francia fusilada por los alemanes el 6 de junio de 1942». Como ya hemos señalado, murió realmente el 31 de mayo y su cuerpo fue enterrado el 7 de junio en el jardín de la cárcel de París, donde pasó sus últimas horas de vida.

Historias como la de Berty dan la razón a André Malraux, escritor y político comprometido con la resistencia y antes con la causa republicana española durante la guerra civil, que decía al hablar de la Segunda Guerra Mundial en general y de la resistencia en particular que «los que han querido confinar a la mujer al simple papel de auxiliar de la resistencia, se equivocan de guerra». Y en su libro *Partisanas*, Ingrid Strobl reivindicaba el papel, a menudo silenciado o no suficientemente valorado, de las mujeres en la resistencia: «Las mujeres tuvieron una aportación decisiva en la lucha contra el fascismo y el nacionalsocialismo. Entrevistas con activistas e investigadores han demostrado que la infraestructura de todo tipo de resistencia fue creada sobre todo por mujeres [...]. Pero mientras el luchador activo, al ser detenido, todavía podía intentar defenderse con su arma, la mujer desarmada, con su cesto de la compra lleno de octavillas ilegales estaba totalmente a merced de sus perseguidores». Pero no todas las resistentes iban con el cesto de la compra, como nos muestra la historia de Berty.

Resistencia a todo tren

La batalla del rail (*La bataille du rail*, 1946) está considerada una de las mejores películas sobre la resistencia en Francia. Su autor, René Clément, en colaboración con Colette Aubry, explicó su experiencia previa a la realización del film en un libro del mismo título y que se basa, al igual que la película, sobre todo en testimonios directos de los hechos que se relatan. Tales hechos fueron el fiel reflejo de la actividad de un sector profesional francés muy concreto que se comprometió activamente con la resistencia e incluso llegó a ser en diversas ocasiones protagonista de auténticas gestas heroicas. Nos referimos a los ferroviarios.

Al principio, efectuaron pequeñas acciones, casi a escala personal y como quien no quiere la cosa, modestas pero con resultados más o menos inmediatos que causaban daños en el material y retrasos en los planes de los alemanes. Echar «por error» un producto equivocado en una máquina para su correcto funcionamiento, retrasar deliberadamente una reparación sin que se notara, etcétera, podría llegar a ser realmente nefasto. Unas acciones, según expresaron en *La batalla del rail* sus autores, «en que la inercia, la simple aplicación de los reglamentos y los pequeños trucos» que dieron paso a la formación de «núcleos que se ramificaron». Así pues, y seguimos citando del libro a que nos hemos referido, «los ferroviarios comenzaron a forjar una de las armas más temibles de la resistencia».

Para cualquier poder establecido, el control de las comunicaciones es fundamental y en un país como Francia, donde el ferrocarril es tan importante, los ocupantes se empeñaron a fondo para lograrlo, pero toparon con la respuesta inesperada de los ferroviarios. Tal como leemos en la obra citada, «este instrumento de dominación se volvió contra él [el ejército alemán] en la hora crítica para desorganizar sus enlaces y paralizar sus movimientos».

Cabe recordar que tras el armisticio firmado por los nazis con el gobierno a cuyo frente estaba Philippe Pétain, la SNCF (es decir, la compañía ferroviaria francesa) pasó a estar bajo control alemán. A partir de entonces, la red ferroviaria francesa se utilizó fundamentalmente en dos

Una de las acciones habituales de la resistencia era el sabotaje
en las redes ferroviarias.

El mariscal Pétain.

direcciones: una para trasladar tropas y material militar por Francia, y
la otra era la circulación de trenes llenos de judíos entregados por el gobierno francés a los nazis con destino a los campos de concentración.

Pero la resistencia no lo tuvo fácil. Los puestos de mando que regu-
laban y determinaban la marcha de los trenes, y que efectuaban un seguimiento de cada recorrido, con contactos en cada estación y en cada cambio de agujas, estaban controlados con carácter permanente por
alemanes, quienes se encargaban de vigilar a los empleados franceses.
Por supuesto, estos últimos estaban a las órdenes de aquellos. Los alemanes decían qué y cómo debía hacerse y los franceses obedecían (o, al
menos, así debía ser). Pero las órdenes que llegaban de los alemanes a
cada puesto de mando podían distorsionarse y en ello se basó en buena
parte el sabotaje de los ferroviarios franceses. Cuando se trataba de
transmitir y ejecutar las órdenes que llegaban de la llamada TK (Trans-
portkommandator) a los puestos de mando podían pasar situaciones
como esta que recoge el libro de Clément y Aubry:

En el despacho del vigilante suena el timbrazo del teléfono. El empleado descuelga. La TK reclama la formación de un tren de cincuenta vagones (un TCO, transporte en curso de operaciones).

—¿Un TCO? Bien —responde el vigilante.

Luego transmite a los empleados de las vías la orden de formación.

—Un TCO —precisaba con cuidado.

—¿Un TCO? ¡Entendido!

Allá en las vías los vagones se alineaban lentamente. Cuando todos estaban enganchados, intervenían los inspectores, que en compañía de un *banof* [el alemán encargado de vigilar a los ferroviarios franceses] inspeccionaban el tren. Los inspectores se preocupaban del buen estado y de la seguridad de los TCO con especialísima solicitud. Era muy raro que en la mitad del tren, precisamente en la mitad, no descubrieran un vagón que no se hallaba en condiciones de circular.

—Este está mal.

—¡No! —decía el *banof*, inquieto por el retraso en perspectiva.

—Sí, sí. Este vagón hay que repararlo.

—¿Cuánto tiempo se tardará en retirarlo? —preguntaba el *banof*.

—Lo retiramos en veinte minutos.

—Es demasiado —protestaba el alemán quejándose.

Fotograma de *La batalla del rail.*

Miembros de la resistencia colocando minas en las vías del tren.

Había que cortar el tren en dos, maniobrar e ir en busca de otro vagón. Durante este tiempo, dos obreros se ocupaban del engrase. A algunos no les faltaba inventiva. Con una aceitera de doble fondo, por ejemplo, podía echarse aceite en los ejes cuando miraba el *banof* y arena cuando volvía la espalda. Los tubos con empalmes de goma se podían embadurnar también con aceite, al que se le había añadido ácido sulfúrico. Bastaba pensar un poco y conocer bien el oficio. Y esto podía hacerse por iniciativa propia y sin formar parte aún de ninguna organización de resistencia.

Acciones de este tipo podían causar un auténtico caos, especialmente si se sucedían con frecuencia e incluso con simultaneidad, como ocurrió en diversas ocasiones. Los alemanes, ante esta situación, no tardaron en admitir la evidencia de que el sabotaje de los ferroviarios era un problema muy serio y deberían luchar contra él. De hecho, empezó a ser frecuente encontrarse con carteles como este:

Por el país.
Por tu familia.
Por tu abastecimiento.
POR TI, FERROVIARIO, hay que emprender y ganar
LA LUCHA CONTRA EL SABOTAJE

En un principio, los alemanes pretendían divulgar la idea (que quizá incluso ellos mismo creían entonces) de que el sabotaje era una labor de elementos aislados y que con una represión más o menos rápida se solucionaría. Nada más lejos de la verdad. Pronto los carteles eran ya más explícitos y en ellos se pedía la pena de muerte a los saboteadores, que es lo mismo que decir que pesaba sobre ellos una explícita amenaza. Empezaron a producirse castigos ejemplares por parte de los nazis para provocar el miedo entre los ferroviarios franceses. Y estos podían producirse en cualquier lugar y contra cualquiera, estuviera o no comprometido con la resistencia, ya fuera un empleado en la ventanilla, un mecánico o un maquinista. Murieron muchos ferroviarios frente a improvisados pelotones de ejecución, lo cual no solo no consiguió que cesaran los sabotajes sino que estos se incrementaran y fueran cada vez más eficaces en su empeño por provocar el caos. Ante los requerimientos de los alemanes a los ferroviarios, estos tenían un argumento que podría llegar a resultar convincente aunque no se ajustara en absoluto a la realidad: el material deteriorado lo estaba por culpa de las acciones de los maquis. Ahora bien, las relaciones entre los ferroviarios comprometidos con la resistencia y los maquis existían y daban frutos. Podía suceder que ante la eventualidad de que un convoy alemán efectuara un recorrido entre dos puntos, se optara por un trayecto desde las altas instancias pero que en el momento de iniciar la marcha fuera imposible a causa de que los maquis hubieran volado un puente, de modo que había que optar por un trayecto alternativo. Entonces, o bien se destruía un tramo de ese segundo trayecto para impedir que el convoy viajara o bien el maquis, más que informado y preparado, colocaba los explosivos oportunos para que el tren en cuestión nunca llegara a su destino. Las reparaciones, en todos estos casos, eran largas y concedían a la resistencia un tiempo precioso, además de ir minando la moral de los oficiales nazis.

Es sabido que la capacidad de combate de las divisiones alemanas se correspondía con el número de trenes que les servían de transporte. Así pues, la división acorazada SS Hitler Jugend había precisado de ochenta y cuatro trenes para su transporte, lo cual da idea de su importancia. Pero aparte de los daños que causaban con sus sabotajes, los ferroviarios provocaban retrasos en los convoyes de tropas que llegaban a Francia, lo cual llevaba de cabeza a los nazis, quienes llegaron a optar por trasladar unos dos mil quinientos ferroviarios alemanes a Francia. Tampoco se solucionó el problema del todo y, al ser tan difícil el tráfico ferroviario de las tropas alemanas y de su maquinaria de guerra, se imponía como alternativa el tráfico terrestre. Pero sucedió que la Wehrmacht sufría entonces una escasez de combustible a causa de los bombardeos americanos en las instalaciones y refinerías, además de que los tanques y las orugas no lo tenían fácil para moverse por tierra atendiendo a sus limitaciones en el kilometraje.

Hubo trescientos fusilados y más de tres mil deportados a campos de concentración entre los ferroviarios franceses durante los cuatro años de sabotajes. Un precio muy alto, sin duda, para una labor de resistencia que, por otra parte, estuvo plagada de grandes éxitos. Uno de ellos, sumamente decisivo para el desenlace de la guerra, fue el llamado Plan Verde, que debía impedir en toda Francia cualquier movimiento ferroviario. El tráfico se paralizó casi totalmente y por las pocas vías por las que circulaban trenes alemanes, podían verse convoyes cargados de armamento dando vueltas y más vueltas sin llegar a ninguna parte. El objetivo era que no alcanzaran Normandía el día del desembarco o, al menos, que llegaran tarde, que en el contexto bélico y tal como se desarrollaban los acontecimientos, ya era demasiado tarde.

Una huida a tiempo es una victoria

Los días pasan sin tropiezos. Yo no tenía, desde luego, ninguna agenda ni llevaba encima ninguna dirección escrita. No utilizaba nunca el teléfono. El constante esfuerzo nemotécnico a que me sometí para registrar sin apuntarlas las citas que celebraba constantemente en distintos lugares y en horas variadas ha hecho sin duda que recuerde algunas escenas como si las hubiera vivido ayer y que detalles olvidados surjan de pronto ante mis ojos.

El autor de este texto procedente de su libro *Memorias de un agente secreto de la Francia libre*, el coronel Rémy, tenía como misión dentro de la resistencia suministrar tanta información a los aliados como le fuera posible recabar sobre cualquier movimiento que observara, sobre cualquier noticia que supiera, sobre cualquier plan que sospechara. Era un trabajo arriesgado que se apoyaba en una compleja organización interior y en enlaces regulares con Londres.

Gilbert Renault, más conocido como general Rémy (tuvo otros pseudónimos, como Raymond, Jean-Luc, Morin, Watteau, Roulier y Beauce), había sido simpatizante, aunque nunca militante, de Acción Francesa, y su ideología entroncaba con la derecha católica y nacionalista. Rechazó desde el primer momento el armisticio del mariscal Pétain y de entonces data su primera estancia en Londres. Se unió a la naciente Francia libre y fue, por lo tanto, un gaullista de primerísima hora. Recibió el encargo de crear una red informativa en suelo francés y a ello se dedicó con empeño; sus informaciones fueron decisivas en algunos éxitos militares, como los ataques de Bruneval y Saint-Nazaire.

El ataque de Bruneval o Bruneval Raid, también conocido como Operación Biting, tenía por objeto realizar una incursión en la instalación de radar de Bruneval, en Francia. La Royal Air Force (RAF) ya había realizado un reconocimiento de esta pero se ignoraban sus propósitos. Los británicos sospechaban que algo tenían que ver con las pérdidas que venían sufriendo los bombarderos de la RAF cuando penetraban en las zonas ocupadas de la Europa continental. Se creyó entonces que un modo de saber más acerca de estas instalaciones era realizar un ataque. Por mar era imposible dado que la defensa alemana a lo largo de la costa para proteger estas instalaciones era numerosa y se optó entonces por un ataque aéreo.

La Operación Biting tenía por objeto realizar una incursión en la instalación de radar de Bruneval.

La Operación Chariot consistía en destruir el dique seco de Saint-Nazaire, que albergaba el acorazado Tirpitz. Ciertamente, la Luftwaffe fue derrotada en la llamada batalla de Inglaterra en 1940 pero los submarinos alemanes tenían la capacidad de bloquear por mar las comunicaciones entre las islas y el continente. El de Saint-Nazaire era el mayor de otros diques que los alemanes habían construido en la costa atlántica francesa y ese precisamente era vital. Sin él, los alemanes tendrían serias dificultades para enviar sus buques a patrullar por el Atlántico y sería del todo imposible hacerlo en concreto por el canal de la Mancha y por el mar del Norte. Si un destructor cargado de explosivos se incrustara en la esclusa del dique y detonara, los daños serían irreparables. El plan permitía a los saboteadores —que llegarían por aire, aterrizarían en paracaídas y serían recogidos por lanchas— escapar con cierta comodidad. Al igual que el ataque a Bruneval, el de Saint-Nazaire fue un éxito y el radar pudo ser estudiado por los expertos aliados y fue posible entonces diseñar acciones encaminadas a neutralizar los avances alemanes.

Aunque, como ya hemos apuntado, Rémy tenía una ideología tradicionalista y conservadora, entró en contacto con el Partido Comunista francés con el fin de que este estableciera relaciones con la Francia libre de De Gaulle. Rémy estaba convencido de que la lucha era cosa de todos y, por entonces, sus relaciones con sindicalistas y políticos de la izquierda fueron habituales. Debía confiar en sus compañeros y a la vez desconfiar de ellos, tuvieran el credo político que tuvieran o sea cual fuere su extrac-

Los submarinos alemanes tenían la capacidad de bloquear por mar
las comunicaciones entre las islas y el continente.

ción social. En tal contexto, las relaciones personales se tornan difíciles y el enemigo puede ser cualquiera, la conspiración puede surgir donde uno menos lo espera y la seguridad siempre es precaria. A veces, se impone una retirada. Aunque solo sea para volver a la lucha con fuerzas renovadas.

El 10 de junio de 1942, Rémy se encontraba en París. Era las once de la mañana y sospechaba que algo malo había ocurrido. Estaba inquieto. No había visto a sus compañeros Champion y Espadon, a quienes esperaba según lo acordado. No acudían a la cita y el tiempo iba pasando. Impaciente, marchó a un restaurante donde la mujer de Champion debía reunirse con todos ellos poco después del encuentro de los tres hombres. Tampoco había rastro de ella y decidió tomar el metro para ir al café donde Espadon y Champion debían encontrarse antes que lo hicieran con él. Tampoco hubo suerte allí. Pensó que quizá el tren en que venía Espadon habría llegado con retraso y que Champion, ante esta situación, habría ido a su encuentro y todavía estuviera esperando. Rémy se informó y el tren había llegado puntualmente. Pensó entonces que, en su ausencia, buscándoles, habrían ido al restaurante donde se habían citado. Tampoco. En su búsqueda, Rémy se encontró con otros dos compañeros. En casa de uno de ellos se había presentado la Gestapo y había tenido tiempo de huir saltando por la ventana. En ese momento, Rémy recordó que en cierta ocasión Champion fue a casa de ese compañero y no pudo evitar en ese instante pensar en alguna traición. Durante la conversación con los compañeros que allí encontró parecía que se le iban aclarando las cosas y no dudó de que el grupo estaba siendo objeto de una traición, pero todo se hacía muy difícil de entender. Independientemente de si hubo o no alguna traición, la cosa parecía mucho más sencilla por más que Rémy no dejara de pensar en esa posibilidad. La causa de la desaparición de Champion fue que este, ante una llamada, abrió la puerta de su casa a las seis de la mañana sin precaución alguna, creyendo que era precisamente Rémy quien estaba al otro lado. Pero no, no era Rémy. Eran cuatro alemanes. Champion fue detenido y entonces Rémy pensó que, con traición o sin ella, era bastante probable que él pudiera ser el próximo. Al cabo de dos días decidió trasladarse a Inglaterra con su esposa e hijos. Temía entonces que los alemanes, tal como él mismo escribió, «trataran de detener a mi mujer y a los niños para utilizarlos como rehenes contra mí». Rémy dijo entonces a sus compañeros que cuando escucharan en la sección de mensajes personales de la radio

«Micmic os da los buenos días», eso quería decir que habían llegado. Ese día era un viernes, el 12 de junio de 1942, y tenía planeado llegar a Inglaterra el miércoles siguiente. Fue entonces cuando tomó un tren que le llevaría a Bretaña, donde se reuniría con su esposa y con sus hijos. Al día siguiente, bajó del tren y un automóvil le esperaba en la estación para llevarle junto a su familia. Al recoger sus maletas echó en falta una de ellas, precisamente la que contenía la emisora de radio. Rémy debía marchar cuánto antes pero con la pérdida de la maleta perdía la posibilidad de comunicarse con sus compañeros. Rémy marchó pero pidió a un compañero si podía intentar localizar la maleta en otra estación. Este así lo hizo y ambos convinieron en encontrarse a una hora determinada en un lugar concreto para la entrega de la maleta. Si los alemanes encontraban la maleta, la vida de Rémy estaba en peligro. Llegado el momento del encuentro, con solo ver la cara de su compañero, comprendió que la maleta no había caído en poder de los alemanes y volvía a estar en sus manos. Este alertó a su compañero acerca de sus sospechas de que en su entorno de la resistencia había un traidor y que creía saber quién era. Debieron de tomarse las precauciones y las investigaciones pertinentes, pero nuestra historia sigue a Rémy.

El día siguiente, el domingo 14 de junio, Rémy recibió la información de que un barco vendría a recogerle para llevarle a Inglaterra el miércoles siguiente. En caso de que no fuera posible tal acción, había dos citas posteriores más. No fueron necesarias. El barco llegó y el miércoles a la hora prevista subieron a bordo. Allí, la familia se escondió en el lugar acordado, pues debían pasar completamente desapercibidos. Los alemanes no hicieron demasiado caso al barco donde iban Rémy y su familia. No hubo en él registros y tan solo echaron una ojeada inútil a la lista de tripulantes. Fue cuestión de suerte, pues supieron que el barco que partía después del suyo fue registrado pormenorizadamente. Rémy y su familia llegaron a Inglaterra.

Cazas cazados

Los pilotos de cazas alemanes en Francia no lo tenían fácil. Aunque podían aterrizar prácticamente en cualquier parte, durante la guerra no había buenos aeródromos que permitieran despegar con ciertas garantías, y ello era todo un problema. Además, la resistencia acechaba en cualquier lugar, también en los aeródromos, un punto de especial atención, al igual que lo fueron el ferrocarril, las carreteras y, en fin, todo aquello que permitiera el movimiento de tropas y material bélico alemán. Esta situación dio origen a multitud de situaciones entre divertidas y trágicas.

En cierta ocasión, un piloto recibió órdenes de buscar una pista de aterrizaje cerca de Charleville para su escuadrón, pero resultó que otros pilotos llegaron antes. El piloto en cuestión, encontró otra buena pista cerca de la población de Signy-le-Petit. El emplazamiento era excelente, pero tenía un inconveniente: en las inmediaciones habían franceses armados escondidos en el bosque. Nuestro piloto encontró una solución: al mando de diez hombres armados inspeccionó la zona y pudo capturar a un grupo de doscientos soldados, tres generales de división y un jefe del ejército. Evidentemente, esta captura fue conocida rápidamente por el ejército francés y por la resistencia y era previsible una reacción francesa. Ante la llegada más o menos inminente de un ataque, nuestro piloto alemán ordenó el desarme de los aviones que estaban abandonados en la pista, de modo que les fueron retiradas sus ametralladoras y estas fueron utilizadas como defensa alemana, situándolas en el piso superior de un edificio de dos plantas que estaba muy cerca y que era una excelente atalaya para controlar la pista. En el piso inferior del edificio, que parecía una plácida granja, había un bar y un burdel, que, en aquel entonces, funcionaba con normalidad. Curiosamente, otros compañeros se apostaron en un convento de monjas también cercano a la pista.

Otra suerte corrieron los pilotos que se habían avanzado al «nuestro» en la pista cercana a Charleville. Resultó ser que aquella pista, en principio excelente, estaba dentro del alcance de la artillería francesa y sufría los ataques de esta. Estos pilotos quedaron no solo a merced de los ataques sino también aislados, y pronto empezaron a tener problemas con el suministro de víveres y de material. Ante la falta de combustible, empezaron a robar lo que podían de los aviones que allí aterrizaban para marchar de allí cuánto antes. Llegaron incluso a robar —o «requisar»— combustible a un avión que pertenecía a la unidad personal de transporte de Hitler.

Otro aviador alemán también tuvo serios problemas al aterrizar en una pista que parecía segura. Vio unas bengalas rojas que entendió que eran un saludo de bienvenida y aterrizó. Nada más lejos de la realidad. Esas bengalas que lanzaron para llamar su atención no eran un saludo sino una señal de alerta. Además, vio diversos banderines rojos que supuso que eran la referencia para aterrizar. Al tomar tierra ya era demasiado tarde. Los banderines señalaban los puntos donde habían caído bombas que no habían estallado. Las dificultades en las comunicaciones entre los alemanes, uno de los empeños principales de la resistencia, producían situaciones similares.

¡París libre!

El 21 de agosto de 1944, el autoproclamado Comité Parisino de Liberación, constituido por miembros de la resistencia francesa, emitió el siguiente llamamiento a la población de París:

> Parisinos:
> La insurrección del pueblo de París ya ha liberado numerosos edificios públicos de la capital. Ya hemos obtenido así una primera gran victoria. La lucha continúa. Debe proseguir hasta que el enemigo sea expulsado de la región parisina. Más que nunca, todos al combate.
> Responded a la orden de movilización general. Uníos a las Fuerzas Francesas del Interior. La población debe, por todos los medios, impedir los movimientos del enemigo. Derribad los árboles, excavad fosos antitanque, levantad barricadas. Es un pueblo victorioso el que recibirá a los aliados.

La resistencia de París ya había empezado días atrás su sublevación contra la ocupación nazi ante el triunfo del desembarco aliado en Normandía. La victoria parecía cercana. París era plaza importantísima, vital, en esta lucha contra el invasor alemán y, en general, contra las potencias del Eje en un contexto internacional. A la resistencia pronto se le unieron elementos de la segunda división blindada francesa, más conocida como división Leclerc y encuadrada en el tercer ejército norteamericano, y la cuarta división de infantería estadounidense, aunque esta última en menor medida.

Los parisinos celebran la liberación.

La batalla de París fue un hito en el triunfo aliado y en él participaron muy activamente republicanos españoles pues tanto en la resistencia parisina como, sobre todo, en la división Leclerc, el número de estos era considerable. De hecho, las primeras unidades aliadas que entraron en París estaban formadas por antiguos miembros del ejército republicano español, al frente de las cuales había un teniente del ejército francés de nombre Amado Granell. Natural de Burriana, en la provincia de Castellón, Amado Granell Mesado, como otros muchos republicanos españoles, había hecho la Guerra Civil y pasó después a enrolarse en la legión extranjera francesa para combatir a los nazis en la Segunda Guerra Mundial. En su caso, fue integrado a la división Leclerc procedente del Regimiento de Marcha del Chad. Su famosa división fue trasladada a Inglaterra para pasar un periodo de entrenamiento antes de llegar a Francia para participar en el desembarco de Normandía. El 24 de agosto estaban a las puertas de París y a las nueve de la noche la compañía encabezada por Granell y otra encabezada por Raymond Dronne entraban en la capital francesa. En total eran ciento veinte hombres y veintidós vehículos. Años después, Granell recordaba que «la población civil se abalanzaba sobre nosotros. Vivas, aplausos, aclamaciones. Siempre besos y siempre

Desfile de la división Leclerc por los Campos Elíseos de París
el 26 de agosto de 1944.

flores. Las botellas de buen vino francés se vaciaban sobre nuestras cabezas a manera de bautismo pagano».

Por supuesto, los nazis lo tenían todo previsto. Hitler había ordenado la destrucción de los puentes y de los monumentos de París y una represión ejemplar. En sus propias palabras, «es preciso que París no caiga en manos del enemigo, si no es convertido en un montón de ruinas». Pero el jefe de la guarnición alemana, el general Dietrich von Choltitz, no se mostró ni demasiado favorable a este tipo de medidas ni tampoco demasiado dispuesto a llevarlas a cabo con rapidez. Además, contaba con unos veinte mil soldados, un número importante, sin duda, pero estaban mal equipados para la lucha y no tenían la cohesión de divisiones aliadas como la Leclerc, además de ser en su inmensa mayoría hombres adscritos a servicios administrativos o auxiliares, como sanitarios y mecánicos, poco eficaces en acciones bélicas. Incluso los carros de combate de que disponía distaban mucho de ser un ejemplo del poderío militar alemán, pues, aunque eran considerables en número, unos ochenta, muchos de ellos procedían del botín de guerra de la llamada batalla de Francia, del verano de 1940, ya obsoletos, y que poco podían hacer ante un más que previsible ataque norteamericano. Para terminar de compli-

car las cosas en París, lo mejor de la Wehrmacht estaba en el norte de
Francia y no podía reforzar la defensa de París según los planes de guerra que ya estaban en marcha. Las tropas británicas y canadienses estaban a las puertas de Ruán y las estadounidenses se dirigían hacia Orleans
y Chartres. Aunque el general Dietrich von Choltitz era consciente de
todo ello, intentó engañar a Hitler como pudo. «Haré saltar la Torre
Eiffel cuyas viguetas de hierro obstruirán el acceso a los puentes que
habré igualmente destruido». Lo cierto es que Dietrich von Choltitz quería evitar a toda costa un segundo Stalingrado y Hitler debió de percibir-
lo cuando le llamó encolerizado por teléfono con una pregunta que llegó
a ser famosa: «¿Arde París?». No quiso destruir la ciudad, pero tampoco
deseaba entregarla al enemigo, aunque, llegado el momento, supo rendirse a tiempo para evitar males mayores. El 25 de agosto de 1944 en la
estación de Montparnasse se entregó al dirigente de la resistencia Henri
Rol-Tanguy junto con otros diecisiete mil hombres más.

Pero retrocedamos un poco en los acontecimientos. Todavía estamos en las playas de Normandía; es el día 6 de junio de 1944 y se
acaba de iniciar una de las batallas más decisivas de la guerra sino la
que más. Pronto, su desarrollo favoreció a los aliados y estos avanza-

El teniente Amado Granell, brazo derecho del capitán Dronne, al volante durante
la parada militar tras la liberación de París.

ban seguros hacia la línea del Rin, uno de los objetivos principales que se habían propuesto, pues ello suponía la penetración en territorio enemigo. La finalidad era terminar cuanto antes la guerra y París era una plaza simbólica e importante, de gran valor propagandístico. Igualmente lo era la liberación de Berlín, la capital del poder del Tercer Reich, y, según parece, en este último propósito hubo una carrera entre estadounidenses y soviéticos para apuntarse el tanto, lo cual podría comprometer el éxito de la liberación de París, lo mismo que podría suceder al revés si se imponía la recuperación de París en detrimento de la de Berlín.

Hubo incluso manifestaciones de cierta desconfianza hacia De Gaulle por parte de los aliados en lo que se refiere a «regalarle» París cuando los aliados en su conjunto podrían administrar conjuntamente otras plazas, tal como sucedería más tarde con un Berlín dividido en áreas de influencia. Incluso se planteó la toma de París sin contar con De Gaulle para después convocar elecciones libres, elecciones que la resistencia que el general francés lideraba no contemplaba y suponía que la liberación de la capital francesa implicaba un ascenso al poder de su líder. Finalmente se decidió que primero se instigaría una revuelta popular en París y después los aliados entrarían para socorrer a la población y dar el tiro de gracia a la ocupación.

Dietrich von Choltitz es conducido al Ayuntamiento de París tras ser apresado por soldados españoles.

La batalla de París fue un hito para los miembros de la resistencia.

La resistencia no estaba suficientemente equipada pero tenía experiencia y entusiasmo. Pronto logró que los alemanes pasaran a una posición defensiva, primer signo de debilidad. Pero el ocupante no dudó en pedir refuerzos y parecía que la orden de Hitler de arrasar París iba a ponerse en marcha. Hacia la ciudad debía dirigirse una unidad de las SS para reforzar a las de la Wehrmacht que allí se hallaban.

Al conocer la resistencia que los aliados avanzaban hacia París empezaron acciones tan importantes como la sublevación de los gendarmes, de la policía, de los trabajadores del metro y de los carteros entre los días 13 y 16 de agosto. Henri Rol-Tanguy, líder de la resistencia de la capital francesa, ordenó que los vehículos de la ciudad fueran requisados para ser utilizados en la más que previsible lucha. El 18 de agosto el Partido Comunista francés declaró una huelga general que fue seguida por multitud de obreros de la ciudad. Las barricadas que se levantaron en las calles de París impedían un desplazamiento normal de los vehículos alemanes y las luchas con los ocupantes empezaron a ser frecuentes. El día 22 de agosto la sublevación era un hecho y los combates eran ya violentos. De las escaramuzas de los primeros días se pasó a la lucha, a una situación bélica real, a una lucha ejército contra ejército. En este orden de cosas, Raoul Nordling, cónsul de Suecia en París, hizo posible una tregua que supuso el inicio de la evacuación de la ciudad por parte de los alemanes y el reforzamiento de las posiciones de la resistencia. Finalmente, llegó la entrada de la división Leclerc de que hablábamos al principio. En las calles la gente cantaba *La marsellesa* y las campanas de las iglesias de la ciudad repicaban. De Gaulle llegó al ayuntamiento de la ciudad y desde allí pronunció su famoso discurso: «¡París ultrajada! ¡París destrozada! ¡París martirizada! Pero París ha sido liberada, liberada por ella misma, liberada por su pueblo, con la colaboración de los ejércitos de Francia, con el apoyo y la colaboración de toda Francia, de una Francia que lucha, de la única Francia, de la verdadera Francia, de la Francia eterna». Desde ese día, cada 25 de agosto la ciudad de París conmemora su liberación. Maurice Kriegel-Valrimont, miembro de la resistencia que vivió aquel acontecimiento histórico, recordaba muchos años después, en 2004, en una entrevista con BBC News, que «decir que fue inolvidable no tiene sentido. Fue fenomenal. Todos deberían tener un día como ese una vez en sus vidas».

Al día siguiente tuvo lugar el desfile de la victoria y una ceremonia de acción de gracias en la catedral de Notre-Dame. La solemnidad del acto se vio perturbada un momento por unos disparos, pues algunos miembros de la resistencia creyeron haber visto a tiradores enemigos, pero la situación no se complicó y los disparos fueron poco más que una anécdota y a la vez una muestra de cómo estaban los ánimos. París era una ciudad liberada pero no estaba totalmente tranquila. Como era habitual en él, De Gaulle ni se inmutó. Malcolm Muggeridge, un oficial del servicio de inteligencia británico, lo vio así: «El efecto fue fantástico. Quienes componían la numerosa congregación, de pie minutos antes, se lanzaron de bruces al suelo, con la sola excepción de una figura solitaria, semejante a un gigante recoleto. Se trataba, claro está, de De Gaulle. Desde entonces, así fue como lo vi en todo momento: altísimo y solo, con los demás postrados ante él». Ante el entusiasmo de los parisinos, Granell comentaba que «nos costó más trabajo vencer la admiración de los parisienses que a la resistencia alemana».

A Granell, poco tiempo después, le correspondió un papel que pudo haber sido histórico. Gracias a su actividad y prestigio en Francia estaba previsto que actuara como intermediario entre políticos españoles, tanto monárquicos como republicanos, para conseguir que Juan de Borbón ocupara el trono de España. El plan estaba auspiciado por Estados Unidos y el Reino Unido, y a tal efecto Granell se reunió en Lisboa el 4 de abril de 1946 con dos políticos españoles importantes: Francisco Largo Caballero y José María Gil Robles.

LE 19 AOUT 1944
DANS LE SOUTERRAIN DE CE PAVILLON
LE COLONEL ROL
CHEF DES F.F.I. DE L'ILE DE FRANÇE
INSTALLA SON ETAT-MAJOR
DE CE P.C. ONT ETE DONNES
LES ORDRES D'OPERATIONS DE
L'INSURRECTION PARISIENNE VICTORIEUSE
(19 AU 25 AOUT) DECIDEE PAR LE
COMITE PARISIEN DE LA LIBERATION
ET LE CONSEIL NATIONAL DE LA RESISTANCE

Henri Rol-Tanguy fue el hombre que dirigió la sublevación de París
contra los alemanes.

El primero fue presidente del gobierno de la Segunda República española entre el 4 de septiembre de 1936 y el 17 de mayo de 1937, cuando se desarrollaba la Guerra Civil. Estaba exiliado en Francia tras la derrota republicana y a causa de la ocupación nazi fue arrestado e internado en el campo de concentración de Sachsenhausen-Oranienburg, donde pasó la mayor parte de la contienda. El segundo era un demócrata-cristiano monárquico, que llegó a apoyar a Franco en un primer momento, aunque terminó en el exilio.

Finalmente, estos intentos de acercamientos entre políticos antagónicos con el fin de destituir a Franco terminaron como consecuencia del pacto del propio Juan de Borbón con el mismísimo Franco, en el que establecieron que el hijo del primero, Juan Carlos, sucedería al general en la jefatura del Estado. Ante esta situación, Granell quedó profundamente deprimido. En 1950 abrió un restaurante en París que se convirtió muy pronto en lugar de encuentro de republicanos españoles. Años después regresó a España. Falleció cerca de Sueca, el 12 de mayo de 1972, en un accidente de tráfico, cuando se dirigía al consulado de Francia en Valencia para gestionar el cobro de un subsidio por los servicios que había prestado en el ejército francés como oficial.

4

Acciones de la resistencia de otros países

En todos los territorios ocupados hubo resistencia. Según la zona, esta era más o menos organizada y tenía una mayor o menor implantación y vitalidad, pero existía en todas partes. Hubo acciones de la resistencia no francesa que llegaron a ser de vital importancia para el final de la guerra tal como se desarrolló. Asimismo, hubo acciones que supusieron la salvación de miles y miles de personas. En suma, como en la resistencia francesa, acciones heroicas que merecen ser recordadas.

A Hitler, ni una gota de agua (pesada) noruega

La resistencia en Francia durante la Segunda Guerra Mundial fue muy importante, tanto a escala numérica, pues fueron muchos los miles de personas que en ella se involucraron activamente, como en lo que se refiere a las consecuencias de sus acciones y a su influencia en el desenlace de la contienda, favorable a los aliados. Pero también hubo resistencia en los dos países que, junto con Japón, constituían el llamado «Eje», es decir, en Italia y en Alemania. Asimismo, la hubo en la Europa oriental y en los Balcanes —en Hungría, Polonia, Bulgaria, Rumania, las antiguas Checoslovaquia y Yugoslavia, Albania, Grecia— y en la Europa central y septentrional (Holanda, Bélgica, Luxemburgo, Dinamarca, Noruega). Precisamente a una acción de la resistencia en Noruega vamos a referirnos ahora, una acción de sabotaje de importantes consecuencias para ambos bandos, los aliados y los alemanes.

Hitler ansiaba contar con la bomba atómica en su arsenal bélico. Y no solo eso: deseaba ser el primero en tenerla en una época en que otros también lo querían. Un elemento fundamental en la fabricación de esta

poderosa arma es el uranio y Hitler tenía a su disposición la llamada
«agua pesada» (óxido de deuterio), elemento también fundamental en la
preparación del uranio 235, ya que actúa como moderador en ese proceso. Esa agua pesada la tenía en Noruega, en la fábrica Norsk Hydro
(entonces, la más importante del sector a nivel mundial). Por aquellos
días, Noruega estaba ocupada por los nazis y a Hitler le bastaba tomar
de allí lo necesario para su proyecto de fabricación de la bomba atómica.
Era parte de sus dominios. En 1942, el servicio de espionaje británico
supo que la fabricación de agua pesada en Norsk Hydro debía pasar, por
orden de Hitler, de 1.500 kilos anuales a 5.000. Ya hacía dos años que
habían fundadas sospechas de que en Alemania (en concreto en el instituto del káiser Guillermo) se estaban llevando a cabo experimentos en-
caminados a la desintegración del átomo y, por lo tanto, saber que los
nazis contaban con algo tan valioso como el agua pesada inquietaba a
los aliados. Por entonces, estos no tenían este elemento en cantidad suficiente ni podían producirlo a la velocidad con que lo hacía la fábrica
noruega. Para los aliados era prioritario actuar sobre Norsk Hydro: la
producción de agua pesada debía paralizarse. Lograrlo no era fácil. La
primera opción para conseguirlo fue bombardear la fábrica, pero su emplazamiento entre escarpadas montañas y su difícil acceso hizo desesti-
mar esta posibilidad ya que, en aquel entonces, era un ataque imposible
para la aviación británica. Solo quedaba la opción del sabotaje a cargo
de un comando. Un miembro de la resistencia noruega, ingeniero experto en hidroelectricidad, excelente esquiador y certero al disparar, debía
ser uno de los saboteadores. Además, este hombre cuyo nombre ignora-
mos (él mismo lo mantuvo en secreto), había pasado buena parte de su
vida cerca de la fábrica y conocía bien la zona. Incluso un hermano suyo
trabajaba en ella, ocupando un puesto de importancia. Nuestro hombre
acudió a Londres requerido por el Estado Mayor de las fuerzas especiales y allí conoció a quien tiempo atrás había sido director técnico de
Norsk Hydro y organizador de la producción de agua pesada. El profundo conocimiento que este personaje tenía del complejo industrial sirvió
de punto de partida para la construcción de maquetas que fueron de
gran utilidad en las operaciones de sabotaje que se estaban planeando.
Norsk Hydro era prácticamente inaccesible e incluso podría considerar-
se infranqueable. Al menos, a primera vista, según las informaciones de
que se disponía. Un edificio macizo de hormigón y acero era la fábrica

Interior de la fábrica de agua pesada Norsk Hydro.

propiamente dicha. Al lado, la central hidroeléctrica igualmente sólida. Los accesos al recinto (en la cima de una montaña y al borde de un auténtico abismo) estaban rodeados por soldados alemanes armados de probada competencia. Era difícil, parecía imposible, pero había que intentarlo. Si Hitler lograba ser el primer en tener la bomba atómica las consecuencias serían terribles.

Tras un tiempo de entrenamiento y de formación en el manejo de la radio, nuestro héroe llegó a la casa de su madre, muy cerca de Norsk Hydro. Lo hizo esquiando, tras tirarse en paracaídas por la noche desde un avión británico sin levantar sospechas e, incluso, probablemente, sin ser visto por nadie. Se propuso entrar en el complejo industrial y lo logró gracias a su hermano, que pasó a ser, además, su compañero de trabajo. Pasaba información a la inteligencia británica de cuánto veía y oía, y la noticia más inquietante fue, sin duda, la confirmación de que la producción de agua pesada era imparable e intensa. Cada mes, llegaba este preciado material a Alemania y debía actuarse con rapidez para impedir lo que ya parecía inevitable: la fabricación de la bomba atómica por los nazis. Hubo unos intentos de ataques de tropas aliadas desde el aire pero el acceso a la zona lo impedía. La abrupta orografía y las corrientes de aire, tan imprevisibles como violentas, no lo permitió. Los paracaidistas no podían llegar al complejo industrial. La solución estaba en llegar por aire a una cierta distancia de la fábrica y acceder después por tierra. Si esto se realizaba en época de hielo y nieve, como así fue en el ataque final, algunos meses después, el riesgo era evidente y el peligro cierto. Con dificultades, el grupo de saboteadores llegó a la zona y desde allí esperaron órdenes. Nuestro héroe lo supo gracias a la radio y el acceso al complejo, al menos por el momento, no parecía del todo imposible para ellos. Diez días después, dos bombarderos Halifax que habían despegado de Inglaterra con destino a Noruega se estrellaron. Para complicar más las cosas, un oficial del servició de espionaje alemán, que acudió al lugar donde habían restos de los aviones siniestrados, halló indicios de que algo se tramaba en las inmediaciones de Norsk Hydro. Buscaron por la zona y practicaron detenciones entre las personas que creían que podían simpatizar con Gran Bretaña los aliados pero no sirvió de nada, no lograron enterarse del plan.

Desde Londres se planeó un nuevo intento. Seis ciudadanos noruegos de las fuerzas especiales se lanzarían en paracaídas e intentarían, llegado el momento, el ataque desde la zona. Las condiciones eran duras, como ya sabían los que estaban allí desde hacía meses, pues ya empezaban a faltarles provisiones y la comunicación por radio tenía los días contados, dado que se estaban agotando las pilas. Nuestro hombre en Norsk Hydro seguía trabajando en la construcción de un nuevo dique para producir agua pesada, como llevaba haciendo desde que entró

En la fábrica de Noruega se producían grandes cantidades de agua pesada.

como empleado en la fábrica gracias a su hermano, al tiempo que facilitaba tanta información como le era posible a los agentes con que se encontraba cada dos o tres días. En uno de estos encuentros les contó que los alemanes sospechaban que se estaba planeando un sabotaje contra el nuevo dique en construcción y no contra la fábrica. A causa de ello, la vigilancia iba a cargo de un centenar de centinelas en el dique mientras que tan solo una docena custodiaban la fábrica. Iba pasando el tiempo y ya a finales de diciembre (más de un mes después del accidente de los dos bombarderos Halifax y un año después de los primeros planes de sabotaje) se lanzó el ataque previsto. El equipo formado por seis noruegos llegó por aire a un lago helado situado a unos 50 km de donde estaba el pequeño contingente que hacía tiempo que se hallaba en la zona y que estaba al límite de sus resistencia esperando órdenes o, al menos, noticias.

Una violenta tormenta de nieve impidió al grupo de seis noruegos seguir adelante. Era imposible continuar y la fortuna quiso que hallaran un refugio abandonado donde guarecerse. Allí pasaron cinco días hasta que pudieron seguir con el propósito de llegar a su objetivo. Se encontraron felizmente con el grupo que esperaba ansioso ponerse en marcha. En la cabaña en la que estos llevaban meses malviviendo se reunieron todos: eran once ciudadanos noruegos dispuestos a actuar. Entraron en contacto con nuestro hombre en Norsk Hydro, quien les informó de los movimientos en la fábrica (puestos de guardia y horarios en el relevo de esta) y sobre los accesos al recinto. No era una misión nada fácil, más bien era una misión difícil, rayana en lo imposible si se tiene en cuenta que estaban en pleno invierno en medio de las montañas noruegas, en una época del año donde reina un gélido frío y donde todo es hielo y nieve, donde es difícil andar y escalar una montaña es casi una quimera. El 27 de febrero, nueve de los once noruegos que formaban el grupo llegaron a la cima donde se hallaba la fábrica tras un recorrido plagado de peligros y que puso al límite su resistencia física. Entraron en ella y pronto localizaron su objetivo. Sabían donde debían ir y cómo hacerlo gracias a la información pormenorizada con que contaban. Tuvieron que encañonar a algunos centinelas y hubo muchos nervios; no inseguridad pero sí mucha tensión. Tengamos en cuenta que debían tener la sangra fría y estar muy alerta al tiempo que estaban realmente agotados. Lo que no hubo fue ni un solo disparo, no fue necesario. La falta de enfrentamiento violento llevó a la consecución exitosa de su plan y permitió huir a tiempo sin que el enemigo pudiera reaccionar. Colocaron, pues, los explosivos en el lugar señalado y salieron de inmediato dispuestos a recorrer el mismo camino por el que habían llegado. Hubo controles y persecuciones por parte de los alemanes tan pronto se percataron de los estragos causados por el grupo de noruegos pero este parecía haberse esfumado.

A finales de 1943 les daños en la fábrica ya estaban reparados y la actividad en ella seguía igual que antes de la explosión según había informado nuestro hombre en Norsk Hydro pero las cosas no serían fáciles para los nazis. Un ataque de bombarderos aéreos norteamericanos dañó muy seriamente la central hidroeléctrica y los alemanes decidieron trasladar la fábrica a un emplazamiento subterráneo lejos de la zona, en Alemania. Durante el transporte del material y de las reservas de agua pesada estaba prevista la participación de un transbordador que atravesaría un lago y fue entonces cuando nuestro hombre en Norsk Hydro terminó el sabotaje ya de un modo definitivo contando con un grupo de apoyo de la resistencia local. El sueño de Hitler de poseer la bomba atómica antes que nadie terminó hundido en las aguas de un lago noruego.

Todos contra el protector

Las repúblicas centroeuropeas de Chequia y Eslovaquia que desde 2004 forman parte de la Unión Europea tras su respectiva refundación en 1993, habían formado, entre 1918 y 1992, un solo Estado, Checoslovaquia. La escisión de 1993 fue pacífica y se desarrolló de común acuerdo entre las dos naciones y supuso una vuelta a la situación anterior a 1918, cuando ambas formaban parte del Imperio austrohúngaro como entes diferenciados. Pero hubo un periodo de la historia de estas dos naciones en que formaron parte de Alemania, el que corresponde con la Segunda Guerra Mundial. El expansionismo que guió la actividad de Hitler le condujo a la anexión de Checoslovaquia y allí, al igual que sucedió en otras zonas ocupadas, actuó la resistencia. En aquella zona, además, se produjo un hecho que supuso un agravio añadido a sus habitantes e incluso a la clase política y militar. Cabe retroceder hasta 1938, cuando Hitler convenció a los representantes británicos, franceses e italianos a firmar los llamados acuerdos de Munich. La firma de estos acuerdos supuso la entrega a Alemania del territorio de los Sudetes, es decir, la

Gracias a los acuerdos de Munich de 1938, Alemania se adueñaba
de la región de los Sudetes en Checoslovaquia.

zona fronteriza con Checoslovaquia poblada mayoritariamente por ciudadanos de origen alemán. Por supuesto, ningún representante de Checoslovaquia estuvo presente en la firma de los acuerdos y a los afectados
les quedaba la duda sobre si franceses y británicos los habían suscrito
como respaldo a la política de Hitler o bien como modo de evitar una
nueva guerra. Los checos llaman desde entonces a los acuerdos de Munich «la traición de Munich», dado que daban por hecho que franceses
y británicos eran sus aliados naturales frente al deseo de Hitler de crear
un poder hegemónico en Europa a partir de conquistas y anexiones y
con un propósito nunca escondido de luchar por ello con todos los medios a su alcance, incluida, por supuesto, la guerra.

Eduard Stehlik, escritor especializado en la historia checa y actualmente vicedirector del Instituto de Historia Militar de Praga, se ha referido recientemente a estos acuerdos del siguiente modo: «Para la República Checa, uno de los países sucesores de Checoslovaquia, los acuerdos
de Munich representan uno de los grandes traumas históricos que no ha
sido superado hasta el presente. El presidente, Edvard Beneš, se sometió
entonces al dictado de entregar sin combate gran parte de los territorios
nacionales a la Alemania de Hitler. Pero la mayoría de los militares criti-
caron esa decisión, porque a raíz de ella, de un día para otro Checoslovaquia, que era un país económicamente avanzado y con gran potencial

militar y defensivo, se transformó en un estado mutilado que perdió la posibilidad de defenderse de los enemigos». Cabe añadir que los territorios anexionados eran zonas con excelentes vías de comunicación tanto por carretera como ferroviarias, además de ser uno de los motores económicos del país. Incluso su valor estratégico eran igualmente de gran importancia para los checoslovacos ante un eventual conflicto armado puesto que, dada su orografía, suponía una barrera natural efectiva ante ataques enemigos, además de contar con un sistema de fortalezas formado por centenares de puntos de defensa que había sido edificado en el periodo de entreguerras con el apoyo de Francia. Al consumarse la anexión, muchos checos tuvieron que abandonar sus tierras y sus posesiones ante la presión de los ciudadanos alemanes que se vieron empujados a un delirio nacionalista y xenófobo alimentado por el gobierno alemán.

Al cabo de poco tiempo, los checoslovacos, y con ellos el mundo entero, se dieron cuenta de que Hitler nunca tendría suficiente y estaba dispuesto a crear un imperio. En la primavera de 1939, poco más de medio año después de los acuerdos de Munich, los nazis ocuparon el resto de Bohemia y Moravia. El presidente del país, Emil Hácha, poco pudo hacer y ante el temor de una invasión militar, y sabiendo que no podía contar con el apoyo francés ni británico, ordenó una rendición incondicional de su ejército, lo que supuso permitir la ocupación sin plantar cara. Chequia estaba ocupada por los alemanes y Eslovaquia, se separó de ella y por entonces creó un Estado de corte fascista que colaboró abiertamente con los nazis.

Hitler llegó a instalarse en el castillo de Praga —todo un símbolo nacional— y ordenó izar allí la bandera nazi, con la esvástica negra. A los checos se les rompía el corazón pero a algunos de ellos, además, la sangre les hervía: había que plantar cara al invasor. Surgió la resistencia. El 1 de septiembre de 1939, con la invasión alemana de Polonia, empezó la Segunda Guerra Mundial. La resistencia checa ya estaba a punto y, aunque sin estar dividida ni mucho menos enfrentada, podían distinguirse dos grandes grupos en ella: por un lado los oficiales y por otro los políticos y los universitarios. ¿Podrían contar los checos con el apoyo de franceses y británicos tras su posición en los acuerdos de Munich y en la ocupación de los Sudetes? Al igual que hizo De Gaulle respecto a Francia, Londres fue la sede del gobierno checoslovaco en el exterior, aunque en Moscú fue creado otro gobierno del país de ideología comunista.

Hitler entra en Asch, población fronteriza checa.

La guerra fue, paradójicamente, una situación bien recibida en una Checoslovaquia ya dividida traumáticamente tal como explica Eduard Stehlik: «Es paradójico, pero ninguna otra nación en Europa anhelaba tanto una nueva guerra como los checos. Esto se debió al hecho de que, al finalizar la Primera Guerra Mundial, después de tres siglos de opresión austro-húngara, finalmente en el siglo xx se formó un Estado checoslovaco independiente. Y los checos creían que lo mismo pasaría después de la Segunda Guerra Mundial, o sea que recobrarían sus territorios y su independencia. Además, Praga estaba convencida de que Francia y Gran Bretaña derrotarían pronto a Alemania. Nadie se imaginó entonces que la guerra se prolongaría tantos años y que sería tan sangrienta».

Como decíamos, la resistencia estaba a punto y pronto se mostró activa. Y no solo en el interior sino también en el exterior. Incluso cuando los alemanes ocuparon Polonia apresaron a un grupo de soldados checoslovacos. Así lo contaba Eduard Stehlik: «Tras la ocupación de las zonas occidentales de Polonia por las tropas alemanas y las orientales por las tropas soviéticas, en base al pacto Ribbentrop-Mólotov de agosto de 1939, un grupo de militares checos fue capturado en Polonia por los soviéticos. No les tocó el mismo destino que a los más de treinta mil oficiales y policías polacos que por orden de Stalin fueron ejecutados en los bosques de Katyn en Rusia. Los checos fueron internados, pero posteriormente pudieron crear un batallón checoslovaco en territorio soviético que en marzo de 1943 participó por primera vez en los combates junto al pueblo ruso de Sokolovo. Más tarde los checos formaron allí un ejército de unos treinta y cinco mil hombres que en 1945 ayudó en la liberación de Checoslovaquia».

La zona checa estaba gobernada por un protector —es decir, el gobernador del protectorado que era entonces el país—, por supuesto bajo férreo control alemán. Su nombre era Reinhard Heydrich, jefe de las SS y de la Gestapo, bien considerado por Hitler quien se dice que lo consideraba como un posible sucesor. Auténtico criminal sin escrúpulos, fue uno de los artífices del Holocausto y presidió en 1942 la conferencia de Wannsee, donde fue diseñada la llamada «solución final», es decir, donde se concretaron los planes para el exterminio de la totalidad de los judíos europeos. Gracias a sus acciones se ganó los sobrenombres de *El carnicero de Praga*, *La bestia rubia* y *El verdugo*. El máximo empeño de Heydrich en Praga fue la lucha contra la resistencia, en especial contra los sabotajes. Frío y calculador no dudó en imponer la ley marcial y en empezar a ordenar ejecuciones desde que asumió su puesto en la capital checa en septiembre de 1941. El atentado de que fue objeto por parte de la resistencia es el logro más importante de esta en su país y una de las acciones más relevantes en toda la zona ocupada durante la Segunda Guerra Mundial. La resistencia checa contó para llevarlo a cabo con la colaboración de compañeros del exterior.

Las relaciones de la resistencia checa con el gobierno en el exilio en Londres eran fluidas, al igual como la resistencia francesa mantenía un estrecho contacto con el gobierno a cuyo frente estaba De Gaulle. Asimismo, y tal como sucedía con la resistencia francesa, contaban con el apoyo de las autoridades británicas. A territorio checo llegaron en paracaídas, a lo largo de toda la contienda, unos treinta y cinco grupos de resistentes que tenían como principal objetivo los sabotajes a centros industriales pero el atentado contra el protector fue, de nuevo según Eduard Stehlik: «Uno de los actos de mayor relevancia de la resistencia fue el atentado contra el protector nazi de Bohemia y Moravia, Reinhard Heydrich. Este fue uno de los colaboradores más cercanos de Hitler y artífice del proyecto del holocausto, o sea, el exterminio de los judíos europeos. En Chequia Heydrich mandó ejecutar a miles de civiles y miembros de la resistencia y fue odiado por la población local. La dirección checa de Londres decidió vengar a estas víctimas y envió al país a dos paracaidistas que el 27 de mayo de 1942 realizaron el atentado. Reinhard Heydrich murió diez días después a consecuencia de las heridas sufridas durante el ataque».

Así pues, a suelo checo llegaron en paracaídas los autores materiales de la muerte de Heydrich: Jozef Gabcík y Jan Kubiš, quienes lo consumaron en el barrio de Liben cuando el protector se dirigía desde la ciudad de Panenské Brežany al centro de Praga. Heydrich no murió inmediatamente tras el atentado sino al cabo de una semana a consecuencia de una septicemia. Jozef Gabcík y Jan Kubiš, junto a otros cinco compañeros, se escondieron en la iglesia de San Cirilo y Metodio de Praga pero fueron traicionados y a consecuencia de ello fueron hallados y asesinados.

Heydrich murió, pero era de esperar una venganza nazi. Y llegó. Y fue, como era previsible, extremadamente cruel. Los nazis arrasaron las aldeas de Lidice y Ležáky y sus habitantes, incluidos los niños, fueron asesinados o enviados a campos de concentración. Los sospechosos de

Imagen del coche en el que viajaba Heydrich cuando fue tiroteado.

colaboración con la resistencia fueron detenidos y ejecutados, así como también corrieron esta triste suerte diversos presos en los campos de concentración. Igualmente fueron mandados ejecutar algunos presos checos que fueron sentenciados a esta pena por delitos que no la merecían según la legislación vigente entonces en el país. Se traba de escarmentar y de crear terror, además de vengarse del modo con que solían hacerlo, cruel y desproporcionado. Los historiadores cifran en alrededor de cinco mil checos los muertos relacionados directamente con la represión como consecuencia del atentado a Heydrich. El eco que tuvo esta represión en el exterior fue enorme. «Especialmente Lidice, aldea situada cerca de Praga, pasó —según contaba Eduard Stehlik— a ser un fenómeno internacional. Con anterioridad, los nazis habían arrasado aldeas en Ucrania y Bielorrusia, pero nunca lo habían anunciado al mundo. En el caso de Lidice fue distinto. Los nazis dieron a saber a todos sobre la venganza por la muerte de Heydrich y se jactaban de lo que habían hecho. En Lidice fueron asesinados niños menores de quince años y las mujeres fueron enviadas a campos de concentración. De los ciento cinco niños de Lidice, dos fueron enviados a Alemania para su reeducación y ochenta y ocho a las cámaras de gas en camiones. Terminada la guerra fueron hallados solo diecisiete niños de Lidice». El destino de los habitantes de Ležáky fue muy parecido: fueron asesinados allí mismo hombres y mujeres y de trece niños que tenía la aldea tan solo sobrevivieron dos. El ensañamiento con la población de Ležáky podría explicarse por el hecho de que allí había una estación de radio clandestina y que en la aldea se habían refugiado diversos paracaidistas llegados desde territorio británico. Quizá los nazis entendieron que esto tendría algo que ver con el atentado. Ahora bien, la relación de Lidice con él, e incluso con la resistencia, era nula.

La resistencia religiosa en Alemania

La ideología nazi no muestra demasiada afinidad ideológica con el cristianismo. De eso se percataron muy pronto los fieles, tanto católicos como protestantes, en Alemania. Y cuando los nazis pasaron a la acción, la situación se volvía más incómoda. No era posible mantener desde el poder religioso un silencio cómplice.

El nazismo mantenía una interpretación racista del cristianismo, en el sentido que veía en esta religión un ensalzamiento del culto al héroe ario. Pero poco más pues el nazismo abogaba claramente por un nuevo paganismo, ajeno a cualquier espiritualidad y a cualquier sacralización. Además, el culto al héroe se plasmaba en el culto al superhombre y en la obediencia ciega al líder. La compasión, la solidaridad, el perdón y otros rasgos distintivos del cristianismo como actitud vital era por completo ajenos al nazismo. Más bien, eran todo lo contrario. En un principio, los religiosos y los fieles mostraban una oposición al nazismo algo tibia y muy prudente, pero no dudaban en denunciar los ataques a los derechos humanos. Una situación del todo distinta a la que se dio en España con el régimen autoritario de Franco, que incluso llegó a ser denominado nacional-catolicismo y a otorgar a la victoria del general en la guerra fratricida una dimensión religiosa. «Caudillo de España por la gracia de Dios». Tal era la divisa que podía leerse en las monedas. Franco entraba en las iglesias bajo palio y los obispos y sacerdotes eran fieles aliados de su tiránico régimen. En Alemania las cosas fueron de un modo muy distinto y la jerarquía católica marcó distancias muy pronto, pero los obispos no tardaron en dar un paso más, y después otro, y otro. Ya en una carta conjunta fechada el 20 de agosto de 1935, los obispos alemanes se expresaron con una claridad contundente: «La fe cristiana proclama una ley moral objetiva, divina, que ha tenido su expresión más breve en los diez mandamientos de la ley de Dios, y que no está sujeta a las fluctuaciones del tiempo ni al arbitrio de los pueblos. El cuarto de los diez mandamientos exige el respeto a la autoridad del Estado y la obediencia a sus leyes. Pero cuando las leyes del Estado están en contradicción con el derecho natural y los mandamientos de Dios, conviene hacer propias las palabras por las que los primeros apóstoles se hicieron flagelar y encarcelar: Hay que obedecer a Dios antes que a los hombres (Hechos de los apóstoles, 5,29).

»No nos sentimos inquietos por nuestra Iglesia, pero sí que nos preocupan mucho nuestro pueblo y nuestra patria. Nuestra Iglesia remontó el viejo paganismo y tampoco será vencida por el neopaganismo. Sin embargo, la antorcha de la fe puede ser arrancada de las manos de países particulares que flaquean a la hora de la tentación (Apocalipsis, 2,29). Por ello, ¡sed perseverantes en la oración a favor de nuestro pueblo».

Si la respuesta de la jerarquía católica alemana a las acciones de los nazis, la Iglesia protestante del país hizo lo propio y enviaron un memorándum al mismísimo Hitler contra la descristianización de la vida alemana y contra el desmantelamiento del «régimen constitucional» que ellos habían sustituido por una dictadura feroz.

Un punto álgido llegó el Domingo de Ramos de 1937, entonces el 21 de marzo, cuando los sacerdotes leyeron la encíclica del papa Pío XI *Mit brennender Sorge* (Con ardiente inquietud), escrita en alemán y que llegó a las parroquias clandestinamente. De hecho, desde ese momento los nazis empezaron una represión contra la Iglesia del país, que ya podríamos considerar como parte de la resistencia, y que solamente en ese año supuso el envío de alrededor de un millar de sacerdotes católicos y de pastores protestantes a los campos de concentración.

La encíclica «del Sumo Pontífice Pío XI sobre la situación de la Iglesia católica en el Reich alemán», que va dirigida «a los venerables hermanos, arzobispos, obispos y otros ordinarios de Alemania en paz y comunión con la sede apostólica», empezaba así: «Con viva preocupación y con asombro creciente venimos observando, hace ya largo tiempo, la vía dolorosa de la Iglesia y la opresión progresivamente agudizada contra los fieles, de uno u otro sexo, que le han permanecido devotos en el espíritu y en las obras; y todo esto en aquella nación y en medio de aquel pueblo al que San Bonifacio llevó un día el luminoso mensaje, la buena nueva de Cristo y del reino de Dios». El texto es extenso y se dirige a todos los alemanes, tanto religiosos como seglares, y, entre muchos otros aspectos del nazismo, critica inequívocamente el culto desmedido al líder. «Todo el que tome la raza, o el pueblo, o el Estado, o una forma determinada del Estado, o los representantes del poder estatal u otros elementos fundamentales de la sociedad humana [...] y los divinice con culto idolátrico, pervierte y falsifica el orden creado e impuesto por Dios».

Cuando aún faltaban dos años para el inicio de la Segunda Guerra Mundial, se produjo entonces el acto de resistencia de mayor unanimidad en Alemania y, obviamente, pronto llegó una respuesta. El órgano oficial nazi, Völkischer Beobachter, publicó al día siguiente una réplica a la encíclica papal pero, curiosamente, fue la última. Quizá los gerifaltes nazis, con el propagandista Joseph Goebbels a la cabeza, debieron pensar que si no le hacían caso se reduciría su fuerza, mientras que si profundizaban en las críticas, suponía una mayor publicidad.

Pero lo cierto es que la encíclica tuvo una repercusión importante. El historiador Giovanni Sale considera que fue «interpretada en aquel tiempo por la mayor parte de los países occidentales no ligados a Alemania, como un valiente acto de denuncia del nazismo, de las doctrinas racistas y de idolatría del Estado que profesaba, así como de sus métodos violentos de disciplina social [...]. Por motivos sobre todo políticos fue uno de los primeros actos pontificios que superó las fronteras del mundo católico: fue leída por creyentes y no creyentes, por católicos y protestantes. Es más, por primera vez estos últimos tributaron a un documento papal reconocimientos públicos que eran impensables poco antes. Según un prestigioso periódico protestante holandés, la encíclica sería válida también para los cristianos de la Reforma, «pues en ella el Papa no se limita a defender los derechos de los católicos, sino también los de la libertad religiosa en general [...]». Fue interpretada generalmente no solo como un acto de protesta de la Santa Sede por las continuas violaciones del Concordato por parte del gobierno alemán, o como una desautorización doctrinal de los errores del nacionalsocialismo, sino sobre todo como un acto de denuncia del nazismo mismo y de su Führer, y esto lo comprendieron inmediatamente los jerarcas del Reich». Giovanni Sale añadía que esta encíclica «se convirtió en una de las mayores y más valientes denuncias de la barbarie nazi, pronunciada de manera autorizada

por el obispo de Roma, cuando todavía la gran parte del mundo político europeo veía a Hitler con una mezcla de admiración, sorpresa y miedo».

Aunque los nazis pretendieran minimizar su efecto ignorándola tras una primera réplica, el caso es que la represión subsiguiente a que fueron sometidos miembros de las Iglesias alemanas, tanto de la católica como de la protestante, da cuenta de su importancia.

Recientemente han sido encontrados por la Pave the Way Foundation documentos que prueban que en 1930, tres años

Pio XI.

antes del ascenso de Hitler al poder, la Iglesia alemana ya condenó el
nazismo. En septiembre de aquel año la diócesis de Maguncia condenó
públicamente al partido nazi y prohibió explícitamente a «cualquier católico inscribirse en las filas del partido nacionalsocialista de Hitler».
Asimismo puede leerse en unas normas que fueron redactadas entonces
y que eran una guía para los fieles que «a los miembros del partido hitle-
riano no se les permitía tomar parte en grupo en funerales u otras cele-
braciones católicas similares». Esta prohibición alcanzaba también a los
sacramentos: «Mientras un católico estuviera inscrito en el partido hitle-
riano no podía ser admitido a los sacramentos».

Dos años más tarde, cuando otras diócesis siguieron el ejemplo de
Maguncia, en agosto de 1932, la Iglesia decidió excomulgar a todos los
dirigentes del partido nazi haciendo hincapié en su condición de «here-
jes» y por sus «teorías raciales». En enero del mes siguiente Hitler llegó
al poder y las asociaciones católicas alemanes se apresaron a exponer su
preocupación por ello en un documento titulado *Un llamamiento serio
en un momento grave*. En él, se consideraba que la nueva situación política en el país era «un desastre». En marzo de ese mismo año, la Conferencia episcopal alemana se dirigió al presidente del país, el general Paul
von Beneckendorff und von Hindenburg con el fin de transmitirle «nuestras preocupaciones más graves que son compartidas por amplios sectores de la población». Se iniciaba entonces un desencuentro entre el poder
nazi y las iglesias del país de terribles consecuencias. Ciertamente hubo
sectores eclesiásticos, tanto católicos como protestantes, que intentaron
convivir con el nazismo y optaron por un silencio antes sus atrocidades
que podríamos identificar como cómplice y por el cual pidieron perdón
en diversas ocasiones al término de la Segunda Guerra Mundial.

Un grupo resistente de vida efímera

La resistencia en Rumania se caracterizó por las acciones de guerrilla,
tanto rural como urbana, y estuvo activa durante toda la Segunda Guerra Mundial. Uno de los muchos grupos activos de la resistencia rumana
fue el Alpin Carpati, a cuyo frente estaba Ilie Banica. En la primavera de
1944 le fue confiada la misión de minar las vías por donde pasaban los
trenes de mercancía que circulaban por el valle del Prahova, zona rica en

petróleo. Estos trenes, abastecían de petróleo a las tropas alemanas y, según el plan de la resistencia, debían ser destruidos.

En una entrevista realizada en 1956, Ilie Banica recordaba los orígenes del grupo que tenía a sus órdenes y la acción de sabotaje que debían llevar a cabo: «El grupo de guerrilla Carpati fue constituido en la Unión Soviética a solicitud de varios prisioneros de guerra que habían pasado ya por escuelas antifascistas, al igual que fue creada la división del ejército rojo Tudor Vladimirescu (dirigida por la comunista rumana Ana Pauker, miembro del Komitern). Hubo también prisioneros rumanos que no participaron en la creación de esa división, y que siguieron una escuela antifascista superior. Durante estos cursos, expresaron su voluntad de llevar a cabo la lucha guerrillera. Tras terminar la escuela antifascista, a mí me enviaron a participar en varias misiones en Crimea, para hablar por megáfono a los militares rumanos desplegados allí y decirles que no valía la pena morir en vano, que se entregaran valientemente ya que los soviéticos no iban a fusilarles. Al regresar a la escuela, pedí a la dirección que me permitiera que, junto con los compañeros que conocía, nos fuéramos a nuestro país para luchar como guerrilleros. Me satisficieron este deseo, en el sentido de que se me permitió elegir algunos compañeros, junto con los cuales salimos para Rumania. La misión de nuestro grupo era contribuir, con el material de que disponíamos, a la destrucción de materiales de guerra y, sobre todo, a impedir la salida del país de los productos y del petróleo rumano destinados al abastecimiento del frente. Con este fin, teníamos a nuestra disposición materiales explosivos para hacer estallar las bombas que colocábamos y para destruir centenares de vagones que transportaban leña o se encontraban en las estaciones de ferrocarril». El grupo consiguió perjudicar seriamente unos dieciocho trenes y a finales del mes de junio de aquel mismo año empezaron a enfrentarse directamente con militares y policías enemigos lo cual causó bajas entre los resistentes y provocó su dispersión. En grupúsculos de dos o tres se escondieron en las montañas pero continuaron activos.

Así recordaba años después Ilie Banica la dispersión definitiva del grupo tras la última misión que les fue encomendada: «Se acercaba el día 23 de agosto. La noche del 22 de agosto yo estaba en Chitila (pueblo de las afueras de la capital) y hablaba allí con un comisario de la policía que sostenía que se había roto el frente en Iasi y que las tropas soviéticas se estaban dirigiendo hacia Bucarest. Yo trataba de negar eso, para sacar más información. Me dijo que esta era la realidad, que el comunicado fue difundido también por la radio y que él tenía también otras informaciones. Me presenté luego al Comité Central del Partido Comunista Rumano, junto con el compañero Victor Zeiceanu, quien había enfermado mientras tanto, y que se quedó en una casa en Bucarest. Aquí participé en la insurrección armada, en la detención del gobierno, y en la vigilancia a Antonescu en Vatra Luminoasa. Y con esto se acabó la misión de nuestro grupo».

Imposible entenderse

El prestigioso historiador luxemburgués Gilbert Trausch ha señalado que su país «no pudo plantarle cara al ejército alemán. Sin embargo, una vez ocupado el país, un clima de valentía se apoderó de los luxemburgueses. Pero la lucha de la resistencia en Luxemburgo, no iba a destacarse por sus atentados a convoyes de tren, ataques selectivos, granadas de mano y viejos fusiles. También en verdad que aquellos que quisieron empuñar las armas, encontraron un hueco en las filas de la resistencia belga o francesa pero la mayoría de los habitantes de Luxemburgo optaron por una resistencia pasiva, una resistencia no destructiva en la que sin duda sus posibilidades de éxito hubieran sido escasas a no ser por la construcción de una férrea moral patriótica mientras durara la ocupación. Así pues se ocuparon de realizar publicaciones ilegales que fortalecieran la moral nacional, pintadas contra el invasor y ocultar a los jóvenes que se negaban a ingresar en las filas de las tropas nazis. [...] La moral de Luxemburgo permaneció lo más alta posible gracias al empeño de estos valientes luxemburgueses que comenzaron a organizarse en el otoño de 1941».

Cuando los nazis ocuparon el país, el Gran Ducado de Luxemburgo era un estado neutral sin ejército o bien con unas fuerzas cuyo cometido no era la defensa de su integridad territorial ni hacer frente a hipotéticos enemigos exteriores dado que contaba con menos de trescientos gendarmes y algo más de cuatrocientos voluntarios que componían una pequeña fuerza de infantería, así como unos pocos jinetes a caballo.

Aunque las potencias occidentales habían garantizado la neutralidad del país, en un cuarto de siglo fue invadido dos veces por las fuerzas del Reich, la segunda de ellas fue la que se inscribía en el inicio de la Segunda Guerra Mundial y que supuso la creación de diversos frentes de resistencia. Fue entonces cuando la familia real luxemburguesa abandonó el país pero en todo momento mostró su apoyo por los aliados y en contra de las potencias del Eje.

En el partido nazi existían los llamados gauleiter o líderes de zona, un cargo creado en 1922 por Hitler. Estos jefes políticos tan solo respondían ante Hitler y fueron fundamentales en las políticas de ocupación ya que estas zonas ocupadas eran consideradas como las regiones o estados alemanes. El gauleiter Gustav Simon, así pues el jefe nazi en Luxemburgo, anunció en julio de 1940 un plebiscito para comprobar un supuesto afecto por los luxemburgueses hacia la ocupación alemana. Simon se encargó de dar la máxima publicidad al hecho, lo cual animó a los resistentes a empezar a contrarrestar desde la prensa clandestina la poderosa propaganda nazi. El plebiscito se celebró y prácticamente la totalidad de los votantes, el 97 %, mostraron un claro rechazo a la ocupación. Simon, contrariado, anuló el censo electoral y optó por ganarse por la fuerza la colaboración de los luxemburgueses: los jóvenes fueron enviados al servicio de trabajo del Reich y después al ejército, a la Wehrmacht. Así pues, se estableció un régimen de servicio militar obligatorio. La fecha de ini-

Escuadrones de reconocimiento alemanes avanzan hacia Luxemburgo, el 10 de mayo de 1940.

cio oficial de este atropello hacia la juventud luxemburguesa fue el 31 de agosto de 1942: fueron reclutados todos los jóvenes entre dieciocho y veintidós años. La orden de esta incorporación obligatoria al ejército alemán decía: «El servicio militar obligatorio comprende a los ciudadanos nacidos entre 1920 y 1924. Los incluidos en dichos reemplazos que el 10 de mayo de 1940 tuviesen nacionalidad luxemburguesa, aunque además de esta tuvieren otra, comparecerán entre los días 1 al 15 de septiembre de 1942 en la comisaría de policía más próxima a su residencia». Cabe recordar además que en diciembre de 1940, la policía y la guardia rural del país fueron enviadas a Alemania para formarse primero y para combatir en el frente después.

Gustav Simon declaró entonces: «He tomado la decisión de solicitar al Führer la concesión de la ciudadanía alemana para los luxemburgueses, petición que ha sido aceptada. Una inmensa mayoría de luxemburgueses gozarán, por consiguiente, de la condición de ciudadanos del Reich. Hace unos años la gente estaba acostumbrada a discutir en el Parlamento asuntos sin trascendencia, pero la situación ha cambiado desde 1940, y ahora es el partido nacionalsocialista y el movimiento alemán quienes representan la voluntad popular [...]. No son necesarias las papeletas de votación. La voluntad de los organismos dirigentes coincide con nuestros profundos deseos, pues no en vano llevamos sangre alemana en nuestras venas [...]. El Reich nos ha puesto bajo su protección».

Hubo una respuesta por parte de los trabajadores y se convocó una huelga general. La producción del país quedó paralizada y los estudiantes se solidarizaron con los obreros ante lo que todos veían un intento de germanización que la mayoría rechazaba de plano. Los nazis, como era habitual, reaccionaron salvajemente ante la reacción de la población. Llegó una represión terrible y hubo numerosos fusilamientos y envíos a los campos de concentración. En *El libro de oro de la resistencia luxemburguesa* de Nicolas Bosseler y Raymond Steichen, publicado en 1952, podemos leer: «Acosados, perseguidos por la Gestapo, amenazados con las más graves represalias, no por ello disminuyeron los patriotas sus acciones clandestinas en todo el país, trabajando con prudencia pero con perseverancia y dedicación, por la liberación futura».

Incluso los nazis luxemburgueses, que los había aunque en un número muy bajo, también protestaron: «No hemos ingresado en el movimiento alemán para convertirnos, andando el tiempo, en esclavos del

Gustav Simon fue el representante de los nazis en Luxemburgo.

Reich. Nosotros nos adherimos al VDB [Movimiento Racial Germáni-
co] en un momento en que, en realidad, no sabíamos a ciencia cierta de
qué se trataba; por desdicha, se ha abusado de nuestra buena fe. Jamás
nos pasó por la imaginación que el VDB tuviese como meta el convertirnos en ciudadanos alemanes; tampoco podíamos sospechar el alcance
que daban los alemanes a dicho movimiento. Los alemanes no han sido
leales con nosotros; no deseamos ninguna clase de comunidad con ellos.
Lo único que de corazón queremos es seguir siendo ciudadanos luxemburgueses libres». Los que intentaron darse de baja del partido tuvieron
problemas y, en todo caso, les fue prohibido.

Simon estaba decidido a controlar la situación como fuera y tomó
diversas medidas, entre las cuales —según sus propias palabras— «figura
la evacuación de aquellos ciudadanos luxemburgueses que, aunque de
sangre alemana, no han observado un comportamiento político adecua-
do a quienes viven en un territorio fronterizo con el Reich. Por consiguiente, serán enviados con sus familiares a vivir en la misma nación
alemana. Eso no atañe a los agitadores políticos que estos días se han
pronunciado contra el Reich, haciendo con ello causa común con los
bolcheviques. Estos agentes a sueldo de Moscú no tardarán en conocer

los horrores del bolchevismo. Con estas y otras disposiciones, dentro de pocos meses solo permanecerán en Luxemburgo aquellas personas que tengan clara conciencia de su estirpe alemana. Lo prometo».

Ocho mil quinientos luxemburgueses fueron reclutados para combatir en Rusia, lo cual suponía una muerte más que probable. Si desertaban, sus familias quedaban expuestas a los castigos ejemplarizantes de los nazis. Muchos de ellos se unieron a las resistencias belgas y francesa, y algunos llegaron a Gran Bretaña, donde se constituyó una pequeña unidad luxemburguesa en la primera brigada belga Libération. De los tres mil quinientos luxemburgueses incorporados a las fuerzas establecidas en suelo británico, mil ciento setenta y cinco murieron en combate y mil doscientos cincuenta se dieron por desaparecidos. Es decir, tan solo regresaron algo más de mil, menos de la tercera parte.

También hubo luxemburgueses que se unieron a las tropas norteamericanas. El país, tras la contienda, vio como del total de más de doscientos cincuenta mil habitantes que tenía a su inicio, había perdido alrededor de seis mil, la mitad de ellos eran judíos, una cifra altísima si se tiene en cuenta que antes de la guerra había unos cuatro mil en el país.

Entre los judíos también hubo intentos de abandonar el país y mil doscientos pudieron conseguir un pasaporte para marchar a Estados Unidos. Lograron llegar hasta la frontera española pero allí fueron detenidos y entregados a las autoridades de Vichy, las cuales, son mayores remordimientos, los entregaron a los alemanes sabiendo que era una práctica condena a muerte. Todos ellos fueron trasladados al campo de concentración de Auschwitz.

Como en todas partes, también en la ocupación luxemburguesa se produjo un hecho curioso que nos muestra como, incluso en un clima tan violento como el que vivía la población entonces a causa de los constantes desmanes de los nazis, puede haber algo de humanidad. Cierto día marchaba una columna alemana por el pequeño país y el jefe de esta fue informado de que habían unidades del ejército luxemburgués —si es que así podía llamarse— por la zona. El jefe alemán, que sabía que un enfrentamiento con ellos sería una carnicería, envió a uno de sus oficiales a proponer a las tropas luxemburguesas una rendición incondicional en el plazo de media hora. A los diez minutos ya obtuvo respuesta. Cuando el jefe alemán los vio les pidió que le entregaran su obsoleto armamento y que se fueran a casa sin más. Un raro episodio de compasión.

Pero Gustav Simon continuaba con sus medidas, no ya impopulares, que también, sino abiertamente opuestas al más mínimo atisbo de intentar un acercamiento a los luxemburgueses. No se propuso establecer la más mínima complicidad, la más mínima comprensión. Lo suyo era la represión. Así podemos apreciarlo en una orden suya de la cual los periódicos del país se hacían forzosamente eco el día 9 de septiembre de 1942: «Sería imperdonable que en las propias fronteras del Reich existieran personas desafectas a él. Estas familias deben ser reemplazadas por otras educadas en el pensamiento alemán. Tales traslados no deben ser interpretados como un destierro, sino que se trata de una medida política y de seguridad para las comunidades adictas que viven en las zonas fronterizas Además, con su incorporación al seno de la gran familia alemana, las personas desplazadas aprenderán a ser ciudadanos más útiles».

Un ambicioso plan de todo un país

Cuando el 9 de abril de 1940 Dinamarca fue invadida por las tropas alemanas, poco podía hacer el gobierno local dado que antes de la guerra había adoptado una política de desarme prácticamente total. Conscientes de ellos, las autoridades de Berlín advirtieron a sus homólogos daneses que cualquier resistencia por parte del ejército o de la población local supondría un verdadero desastre ya que conllevaría, entre otras acciones, la destrucción por bombardeos de las ciudades más importantes del país. Pero si se aceptaba la nueva situación, los alemanes ocuparían Dinamarca más bien como amigos, como protectores, y su actitud hacia la población sería por lo tanto bien distinta a la de otros países donde eran recibidos con hostilidad. Los alemanes ofrecían seguridad y a cambio el gobierno danés podría seguir ejerciendo sus funciones casi como si no pasara nada. La cuestión era ver qué suponía el «casi». El gobierno de Copenhague aceptó pues, de hecho, no le quedaba otro remedio.

Ello explica la peculiar situación en que se encontraba Dinamarca durante la invasión alemana. El país conservó su independencia política, el rey Christian X siguió en el trono, el gobierno y el parlamento no interrumpieron su actividad, la censura no estaba controlada por los alemanes sino por funcionarios daneses y los partidos políticos seguían presentes en la vida pública del país, incluso aquellos que, como los socialdemócratas, estaban prohibidos y por lo tanto eran clandestinos en el resto de países ocupados.

Para los nazis Dinamarca no era un país problemático. Estaba indefenso y Hitler planteó su ocupación más como una ayuda en la defensa frente a los aliados que como una auténtica ocupación. Además, para los nazis, el país era algo así como un lugar ideal de pureza racial pues los judíos eran pocos y estaban casi todos concentrados en la capital. Curiosamente, la población danesa daría una sorpresa a Hitler al ser la única que se opuso activamente y con éxito a la deportación de judíos a los campos de concentración. En el momento de la ocupación, unos siete mil quinientos judíos vivían en Dinamarca de los cuales mil quinientos eran refugiados mientras que el resto eran ciudadanos daneses.

Aunque se produjeron algunas escaramuzas sin gran importancia en el mismo inicio de la ocupación alemana de Dinamarca y hubo algunas acciones más bien aisladas y sin demasiada trascendencia después a cargo de una resistencia poco organizada, la vida en el «protectorado modelo» —así llamaban los nazis a la Dinamarca ocupada— era más bien tranquila e infinitamente mejor que la que se daba en cualquier otro país ocupado. Pero todo cambió en octubre de 1943, cuando se supo que los nazis estaban prestos a iniciar una redada para arrestar a los judíos del país, todos ellos, o al menos gran parte de ellos, fácilmente localizables, para conducirlos a los campos de concentración; es decir, a una muerte más que probable. La resistencia se puso en marcha e inició un ambicioso plan consistente en transportar a esas personas a la neutral Suecia.

Fue exactamente el 1 de octubre de 1943 cuando Hitler ordenó el arresto de los judíos daneses para su inmediata deportación, una orden que se inscribía en una estrategia de desprestigio de la población de origen hebreo entre los daneses no judíos. Desde la ocupación, Dinamarca proveía al Reich de mantequilla y carne para más de tres millones y medio de personas, todo un tesoro en tiempos de guerra, y en un principio se optó por posponer tanto como fuera posible lo que se llamaba «la cuestión judía». Pero iba pasando el tiempo y determinados dirigentes nazis estaban ya impacientes. Debía afrontarse el futuro de los judíos daneses y así fue. El atentado a la gran sinagoga de Copenhague posterior a una instigación a la violencia por parte de un periódico antisemitas del país fue seguido de detenciones y multas entre los responsables de ambos hechos por parte del gobierno danés. Los nazis se dieron cuenta de que no podían contar con los daneses para «la cuestión judía» y que encontrarían entre la población una oposición a sus planes de exterminio. Entre tanto, la resistencia en el interior del país se iba organizando y ya empezaban a ser habituales acciones de sabotaje e incluso hubo alguna huelga general en contra de la ocupación nazi, algo insólito entonces en un país ocupado. Los nazis intentaron, sin conseguirlo, que el gobierno danés se impusiera a la población y atajara las revueltas y el desorden. De hecho, el gobierno del país entendió que la actitud de los nazis atentaba contra la soberanía nacional y declaró el estado de emergencia. La respuesta de los alemanes fue categórica y pretendía ser ejemplar: detuvieron a cien daneses socialmente importantes, entre ellos a varios judíos, incluido el rabino Max Friediger, máxima autoridad religiosa del país para la población judía. Acto seguido, el gobierno en pleno dimitió. Era el 29 de agosto, y ese día el poder en Dinamarca pasó a manos de los alemanes y todo cambió. Y como en cualquier otro país ocupado, aunque en Dinamarca con tres años de retraso, se puso en marcha la operación de detención y posterior exterminio de los judíos del país. Ante esta terrible situación, los daneses intentaron hacer lo posible para impedir la deportación de sus conciudadanos. Hans Hedtoft, que había sido portavoz del partido socialdemócrata danés —y que tras la guerra llegó a primer ministro del país— supo de los planes nazis de deportación gracias a una conversación con Georg Ferdinand Duckwitz. Este diplomático era miembro del partido nazi y por entonces se hallaba en Copenhague como agregado comercial de la embajada alemana. A pesar de todo ello, le parecía intolerable el plan nazi para los judíos daneses y fue por ello por lo que contactó con Hedtoft. Incluso llegó a realizar un viaje —por supuesto clandestino y que entrañaba no pocos riesgos personales— a la Suecia neutral para entrevistarse con el primer ministro sueco a fin de lograr de este el compromiso de dar refugio a los judíos que llegaran al país desde Dinamarca. Al igual que sucedió con Hedtoft, también Duckwitz continuó activo tras la guerra; en su caso fue embajador alemán en Dinamarca.

Mientras Duckwitz intentaba el apoyo sueco, Hedtoft se puso en contacto con la resistencia danesa y alertó a los representantes de la comunidad judía, los cuales se tomaron muy en serio los planes de los nazis mientras que la resistencia ya planeaba el traslado a Suecia. Entre tanto, las autoridades suecas temían por su neutralidad y tomaron una postura como mínimo sorprendente: solamente acogerían a los judíos daneses si ello era autorizado por los nazis.

Los judíos empezaron a esconderse y la resistencia empezó a darles cobijo esperando el momento propicio para el traslado a Suecia. Apareció entonces una figura importante en esta acción de resistencia: Niels Bohr. Este prestigioso físico danés de ascendencia judía en 1943 decidió exiliarse a Suecia a fin de evitar ir a parar a manos de los nazis. Antes, cuando se inició la ocupación, pensó que podría continuar en el país pero las cosas se estaban poniendo cada vez más difíciles. El proyecto de construcción de la bomba atómica por parte alemana estaba liderado por uno de sus discípulos, Werner Heisenberg, el cual recibió el premio Nobel de física en 1932, diez años después de que le fuera otorgado a su maestro. Sabemos que el proyecto alemán fracasó pero durante mucho tiempo existía la duda acerca de si ello se debió a la falta de capacidad de Heisenberg y los que con él trabajaban o bien que estos, al conocer los planes de Hitler, intentaron que nunca se construyera. Años después, en 1995, las investigaciones confirmaron que tanto Hitler como Heisenberg siempre intentaron construir este arma cuya utilización por parte de los alemanes hubiera cambiado el curso de la guerra y de la historia.

Heisenberg se llegó a entrevistar con Bohr en Copenhague en 1941, dos años antes de que este último se exiliara a Suecia y le dijo que los físicos alemanes que trabajaban en el proyecto, incluido él mismo, intentarían impedir la utilización militar de la bomba atómica —algo bastante ingenuo en plena guerra— aunque estaban decididos a investigar las posibilidades de la energía nuclear. Bohr no podía estar de acuerdo con Heisenberg aunque él llegó a caer en un planteamiento muy parecido al de su discípulo poco tiempo después, cuando participó en el llamado proyecto Manhattan en Estados Unidos para acelerar la fabricación de la bomba atómica ante la creencia que los alemanes dispondrían de ella de un momento a otro. Pero en 1945, ya terminada la guerra y ante los desastres que este arma causó en Japón, intentó persuadir al gobierno de los Estados Unidos de que continuara con la carrera armamentística.

Cuando se supo en Suecia que los nazis pensaban arrestar a todos los judíos daneses, Bohr tenía la orden de viajar de inmediato a los Estados Unidos para participar, como decíamos más arriba, en el proyecto Manhattan de construcción de la bomba atómica. Bohr, al conocer los planes de Hitler para con sus compatriotas, se puso en contacto con las autoridades suecas, incluido el rey, y les dijo que no marcharía del país hasta que se abrieran las fronteras para acoger a los judíos daneses. Esta postura de Bohr fue fundamental para salvar la vida de miles de personas. Por supuesto, el gobierno sueco y el rey accedieron a la petición del famoso físico y empezó a desarrollarse el plan de rescate.

La acción se llevaría a cabo por barco y no sería fácil ya que había que cruzar el estrecho de Øresund en medio de un mar tempestuoso. Algunos de los judíos fueron transportados en grandes barcos pesqueros pero hubo otros que fueron traslada-

Werner Heisenberg aceptó dirigir el intento nazi por obtener una arma atómica.

dos en pequeñas embarcaciones, e incluso algunos llegaron a la costa sueca en kayak. También los hubo que se escondieron en automóviles embarcados en los ferries de línea regular que unían la costa danesa y la sueca. Esta acción se realizó gracias a miembros de la resistencia que estaban en los ferries y que introducían a los refugiados en los coches una vez estos habían sido sellados por los alemanes y después, una vez los judíos daneses estaba escondidos en los coches, los miembros de la resistencia volvían a sellar. También algunos barcos de pesca acogieron a los refugiados y estos realizaron el traslado previo pago por ello. En este sentido, hubo pescadores que no aceptaron dinero por ello, bien por humanidad o bien por percatarse de que algunos no podían permitírselo. La solidaridad se puso en marcha también entre los empresarios daneses. Entre ellos hubo muchos que realizaron donaciones millonarias para sufragar los gastos de la operación.

Por supuesto, la Gestapo se percató de la intensa actividad que había por aquellos días en la cosa danesa pero, aunque hubo alguna detención y alguna delación, todo fue desarrollándose según lo previsto pero en medio de una gran tensión aunque hubo algunos judíos que no llegaron a Suecia. Algunos sufrieron naufragio en medio del encrespado mar, otros fueron capturados por patrulleras alemanas, hubo detenidos e incluso algunos de ellos se suicidaron. Algo más de cuatrocientos judíos fueron capturados. De ellos, la mayor parte, fueron a parar al campo de concentración de Theresienstadt pero el gobierno danés hizo lo posible para que no fueran trasladados a los campos de exterminio. El gobierno danés llegó incluso a enviar comida y medicamentos para sus compatriotas en Theresienstadt y se realizó un seguimiento del estado en que estos se encontraban gracias a la Cruz Roja. Algunos de los ancianos, unos cincuenta, murieron en el campo pero entre el resto de prisioneros daneses, alrededor de cuatrocientos, sobrevivieron; es decir, la inmensa mayoría de cuántos allí habían llegado. También la mayoría de judíos daneses que partieron a Suecia llegaron a su destino y allí esperaron el fin de la guerra. Sin duda, la operación fue un éxito del que los daneses pueden y deben sentirse legítimamente orgullosos.

Recogemos ahora un testimonio directo de la fuga de daneses a Suecia. Se trata de Leif Donde, un danés de Copenhague nacido en 1937 que en 1989 recordaba aquellos hechos. «Nos habían dicho que no podíamos llevar ningún tipo de equipaje con nosotros. Debíamos llevar puesta toda la ropa de abrigo que pudiéramos, y que pasaríamos la noche en casa de unos amigos de mis padres, una familia cristiana; nos dijeron que solo sería una noche, y así fue. A la mañana siguiente, fuimos todos, la familia entera, a la estación de trenes y tomamos un tren que se dirigía al sur de Dinamarca. Recuerdo también que nos repetían una y otra vez que durante nuestra huida a Suecia tratáramos de no parecer sospechosos. Eso era muy, muy importante.» Cabe recordar que Leif Donde era entonces un niño y que probablemente no comprendía lo que estaba sucediendo. Así lo expresaba: «Bueno, creo que entendía que era algo muy serio, pero también me parecía, hasta cierto punto, una aventura. No creo que pueda esperarse mucho más de un niño de seis años. Definitivamente, para mí era en parte una aventura».

Leif y su familia llegaron a Suecia y allí fue al colegio; sus padres pronto encontraron un empleo en una fábrica de ropa. Al fin de la guerra regresaron a Dinamarca, lo cual supuso, sin duda, un triunfo de la resistencia.

5

Resistentes aislados (pero no por ello menos importantes)

Por toda Europa hubo personas cuya inquietud ante la situación en que se vivía a consecuencia de la ocupación nazi reaccionaron de un modo no siempre organizado. Si bien un gran número de ellas se comprometió activamente con la resistencia local, en ocasiones, por distintos motivos, hubo quien reaccionó de modo autónomo. A veces, junto un compañero o con un pequeño grupo, pero más o menos al margen de la resistencia organizada aunque pudieran colaborar con ella. Hacemos referencia aquí a alguno de estos espíritus libres.

El condenado más joven

El 27 de octubre de 1942 fue condenado a muerte un muchacho de diecisiete años en Berlín por el tribunal popular del tercer Reich. Esa misma noche fue ejecutado en la capital alemana. Su nombre, Helmuth Hübener. Era el más joven de los resistentes condenados a muerte por los nazis.

Helmuth Hübener había nacido en Hamburgo el 8 de enero de 1925. Aunque su familia era apolítica, fue forzado a formar parte de las juventudes hitlerianas o *Hitlerjugend* cuando los nazis suprimieron los Boy Scout, movimiento este del que el muchacho formaba parte desde hacía algún tiempo. No le gustaban los nazis. En 1941, con dieciséis años, empezó a escuchar las emisiones de radio de la BBC, le influyeron y se percató de que lo que allí escuchaba nada tenía que ver con la versión oficial alemana. Cabe recordar que la escucha de las emisiones de la BBC ya era un acto de resistencia y era un delito castigado con la pena capital dado que era considerado traición. Helmuth decidió entonces pasar a la ac-

Bekanntmachung.

Der am 11. August 1942 vom Volksgerichtshof wegen Vorbereitung zum Hochverrat und landesverräterischer Feindbegünstigung zum Tode und zum dauernden Verlust der bürgerlichen Ehrenrechte verurteilte 17 Jahre alte

Helmuth Hübener
aus Hamburg

ist heute hingerichtet worden.

Berlin, den 27. Oktober 1942.

Der Oberreichsanwalt beim Volksgerichtshof.

Proclamación del Tribunal del Pueblo de 27 de octubre de 1942 anunciando
la ejecución de Hübener.

ción. Se convirtió en un activo resistente. Su arma sería la palabra y denunciaría la falsedad de las informaciones oficiales en Alemania. Helmuth empezó a escribir panfletos antinazis y a distribuirlos pero necesitaba ayuda para que su mensaje tuviera una mayor repercusión. Poco tiempo después, consiguió la colaboración de dos amigos y, gracias a su apoyo, realizaba copias que distribuían cómo y dónde podían, especialmente en los tablones de anuncios de Hamburgo y en buzones de esta ciudad elegidos al azar.

Los escritos apasionados de Helmuth era una encendida denuncia del engaño a que los nazis sometían a los ciudadanos, especialmente en lo referido al curso de la guerra. Sus dardos se dirigían directamente a los máximos dirigentes, Joseph Goebbels y Adolf Hitler entre ellos. Sobre ellos vertía graves acusaciones. No tardó en llegar la Gestapo para atrapar a Helmuth gracias a la denuncia de un miembro del partido nazi llamado Heinrich Mohn. En aquel momento, estaba intentando traducir al francés alguno de sus escritos para distribuirlos entre los prisioneros de guerra. Sus dos compañeros también corrieron su misma suerte unos días después. Los tres muchachos pasaron más de seis meses detenidos durante los cuales sufrieron severos maltratos físicos.

Llegó el juicio y Helmuth fue declarado culpable de conspiración, de alta traición y de promover «la causa del enemigo». El castigo era la pena de muerte. El jurado argumentó como justificación de su veredicto que el muchacho poseía una inteligencia superior, por lo cual debía ser tratado como un adulto. La defensa intentó que se le conmutara la pena de muerte por cadena perpetua pero no sirvió de nada dado que se consideraba que las actividades de Helmuth eran un grave peligro si se tenía en cuenta el gran esfuerzo humano y económico que suponía la guerra para Alemania.

Helmuth, con gran entereza, asumió él solo los delitos por los cuales fue detenido junto a sus compañeros de modo que estos fueron condenados a una pena de cárcel de cinco y diez años respectivamente. Es preciso señalar que el veredicto contra Helmuth, sin duda desmesurado, era una venganza más que una condena, una muestra más de la ejemplaridad con que los nazis actuaban a fin de tener atemorizada a la población. Por cierto, la inmensa mayoría de miembros del tribunal que lo juzgó eran funcionarios del partido nazi.

Pero al infortunado muchacho le llegó otra condena, tan vergonzosa como la que lo condenó a muerte. Helmuth pertenecía, como su madre, a la Iglesia de Jesucristo de los santos de los últimos días cuyos miembros son conocidos como mormones. Pues bien, cuando su congregación supo, no ya de su condena sino de su arresto, se abrió un debate entre los miembros de esta y tan solo dos días después de su arresto, fue excomulgado. Los mormones tenían miedo de los nazis —pero no eran los únicos, ¿quién no lo tendría?— y por ello se esforzaban en presentarse en todo momento como «buenos alemanes». Entre ellos se había extendido la creencia de que tras los judíos, los próximos serían ellos. Esta excomunión fue revocada demasiado tarde en 1946, una vez terminada la guerra, cuando ya no había riesgo alguno. A Helmuth se le volvió a registrar con una aclaración: «Excomulgado por error». Sobran las palabras.

Resistencia desde dentro del poder nazi

Ninguna fuerza totalitaria ha sido posible sin el hundimiento previo de las fuerzas tradicionales, desde la derecha cristiana a la izquierda socialdemócrata. Ahí nos parece ver la clave del problema. Ninguna crisis política, económica, sociológica e incluso psicológica, explica por sí sola los éxitos fascistas, nacionalsocialistas o comunistas. El totalitarismo no ha triunfado en ninguna parte cuando se ha encontrado de frente con un adversario gubernamental —en el sentido amplio del término— seguro de sí mismo y, por ende, presto a reaccionar vigorosamente. Como ha ocurrido siempre en la historia, la revolución no vence por su propio programa ni por las miserias que promete abolir. Su combatividad y sus posibilidades de éxito las debe a la indecisión de sus enemigos (H. Brugmans, «L'esprit totalitaire en Europe», *Les Cahiers de Bruges,* octubre de 1951).

Este escrito se debe al intelectual neerlandés Hendrick Brugmans, experto analista de una situación, el ascenso de los totalitarismos en Europa y el desarrollo de la Segunda Guerra Mundial, cuyas consecuencias vivió en primera persona; por ejemplo, fue hecho prisionero por la Gestapo entre 1942 y 1944. Europeísta convencido y apasionado, uno de los líderes más destacados del Movimiento Europeo, fundado oficialmente en 1948 aunque con actividad algo anterior, fue asimismo uno de los fundadores y el primer presidente de la Unión de Federalistas Europeos además de ser el primer rector del Colegio de Europa, cargo este último que ocupó entre 1950 y 1972. Sus esfuerzos a favor de la unidad europea le fueron reconocidos en 1951 con la concesión en Aquisgrán del Premio Internacional Carlomagno.

El hecho que señala Brugmans es sumamente importante para entender el ascenso y pervivencia durante cierto tiempo de los totalitarismos en general y del nazismo en particular. Este «éxito» no se debe solamente a quienes están al frente y se hacen con el poder sino también a los silencios cómplices, a las actitudes equidistantes, a la tibieza en las respuestas ante determinadas agresiones a la democracia que exceden con mucho lo tolerable, etcétera. El escritor italiano Primo Levi, que plasmó su durísima experiencia en los campos de concentración en tres libros imprescindibles conocidos como *Trilogía de Auschwitz,* hablaba al respecto del «querer no saber», una actitud al fin y al cabo cómplice. Levi decía asimismo que «aunque comprender es imposible, conocer es necesario». Ciertamente, la ignorancia voluntaria en Alemania era difícil y, por parte del poder, imposible pero tuvo sus efectos dado que, para muchos, era una actitud preferible a comprometerse con la lucha o la denuncia ante el temor a que eran sometidos; quizá el primer paso de una justificación e incluso de la adhesión en mayor o menor medida o con mayor o menor entusiasmo. Además, hay un aspecto igualmente importante: las atrocidades fueron tales que quizá para algunos resultaron imposibles de creer. De nuevo acudimos a Primo Levi: «Esconder del pueblo alemán el enorme aparato de los campos de concentración no era posible, y además (desde el punto de vista de los nazis), no era deseable. Crear y mantener en el país una atmósfera de indefinido terror formaba parte de los fines del nazismo: era bueno que el pueblo supiese que oponerse a Hitler era extremadamente peligroso. Efectivamente, cientos de miles de alemanes fueron encerrados en los *lager* desde los comienzos del nazismo: comunistas, socialdemócratas, liberales, judíos, protestantes, católicos, el país entero lo sabía, y sabía que en los *lager* se sufría y se moría.

»No obstante, es cierto que la gran masa de alemanes ignoró siempre los detalles más atroces de lo que más tarde ocurrió en los *lager*: el exterminio metódico e industrializado en escala de millones, las cámaras de gas tóxico, los hornos crematorios, el abyecto uso de los cadáveres, todo esto no debía saberse y, de hecho, pocos lo supieron antes de terminada la guerra. Para mantener el secreto, entre otras medidas de precaución, en el lenguaje oficial solo se usaban eufemismos cautos y cínicos: no se escribía "exterminación" sino "solución final", no "deportación" sino "traslado", no "matanza con gas" sino "tratamiento especial", etcétera. No sin razón, Hitler temía que estas horrorosas noticias, una vez divulgadas, comprometieran la fe ciega que le tributaba el país, como así la moral de las tropas de combate; además, los aliados se habrían enterado y las habrían utilizado como instrumento de propaganda: cosa que, por otra parte, ocurrió, si bien a causa de la enormidad de los horrores de los *lager*, descritos repetidamente por la radio de los aliados, no ganaron el crédito de la gente».

El apoyo de los militares alemanes de alta graduación al nazismo, e incluso su compromiso directo con la ideología del Tercer Reich, ha sido objeto de debate y probablemente lo seguirá siendo. El resistente Ulrich von Hassell escribió en su diario, el día 20 de abril de 1943: «Para la mayoría de los generales, la carrera, en su sentido deleznable, las pagas y el bastón de mariscal, son más importantes que las grandes ideas y los valores morales que están en juego. Todos los que se espera que hagan algo, flaquean del modo del más lamentable, en el sentido que aceptan todo lo que se les dice, se enzarzan en las conversaciones más fantásticas, pero no tienen la valentía de pasar a la acción».

Ulrich von Hassell fue, durante la Segunda Guerra Mundial, un activo miembro de la resistencia contra el nazismo. Hasta su nombramiento como embajador en Italia en 1932 trabajó en la diplomacia alemana en Roma, Barcelona, Copenhague y Belgrado. Miembro del Partido Popular Alemán desde 1918, en 1933 se afilió al partido nacional-socialista pese su oposición a la alianza con Italia y Japón en la guerra. Miembro de la Orden de San Juan —rama protestante de los caballeros hospitalarios—, creía en la unidad de los países cristianos europeos. En 1938 fue destituido de su cargo como embajador en Italia por orden directa de Hitler por su implicación en el asunto Blomberg-Fritsch, un escándalo que supuso la total sumisión del ejército alemán a Hitler. El nombre con que es conocido este escándalo hace referencia al descontento del dictador germánico por estos dos altos oficiales a causa de supuestas vacilaciones y falta de compromiso y entusiasmo en los preparativos de la guerra.

Pero von Hassell siguió mostrando, no solo su rechazo a la política y a las actitudes de Hitler sino que al iniciarse la Segunda Guerra Mundial un año después, ya empezó a conspirar contra él hasta que el 29 de julio de 1944 fue arrestado por la Gestapo por su supuesta participación en el complot del 20 de julio de ese mismo año. Juzgado el 8 de septiembre fue sentenciado a muerte y ejecutado en la horca de inmediato.

El complot del 20 de julio en el que supuestamente participó von Hassell fue considerado un asunto interno sin mayor trascendencia por Churchill tal como lo dijo ante la cámara de los Comunes un mes después: «Los acontecimientos del 20 de julio y las ejecuciones masivas que siguieron solo han tenido para nosotros un interés: ver a los déspotas del Tercer Reich liarse a golpes entre sí». Pero dos años más tarde reconoció su error de apreciación ante la misma sala: «Había en Alemania una oposición que se vio cada vez más debilitada por sus propios sacrificios y por una política internacional entumecedora, pero que figura entre lo que hay de más noble y de más grande en la historia política de todos los pueblos. Aquellos hombres lucharon sin tener ayuda del interior o del exterior, únicamente movidos por la inquietud de su conciencia. Mientras vivieron, fueron para nosotros invisibles e irreconocibles porque tenían que camuflarse. Sus muertes revelaron la resistencia. Esas muertes no pueden justificar todo lo que pasó en Alemania. Pero los actos y sacrificios de aquellos hombres son, pese a todo, el cimiento de una renovación. Esperamos que llegue el día en que sea apreciado como se debe el heroico capítulo de la historia interior de Alemania».

El complot del 20 de julio fue un intento fallido de asesinar a Hitler planeado y ejecutado por oficiales de la Wehrmacht liderados por Claus von Stauffenberg en el marco de un golpe de estado inscrito en la llamada Operación Valquiria, un plan para ocupar el poder y alejar de él a Hitler.

Ese día, Hitler se encontraba reunido con sus generales en la llamada Guarida del lobo, uno de los mayores cuarteles militares que se repartían en los dominios del Tercer Reich. Este complejo militar situado en un espeso bosque que comprendía unos ochenta edificios camuflados, una cincuentena de los cuales eran búnkeres, estaba rodeado de campos minados y de alambres con púas, tenía su propia central de energía eléctrica y estaba cerca de una base aérea de donde recibía los suministros necesarios. Estaba emplazado en la aldea de Gierłoz (entonces *Forst Görlitz*, Prusia Oriental y actualmente parte de Polonia), cerca de Ketrzyn, entonces *Rastenburg*.

La bomba que Stauffenberg colocó en una sala de la Guarida del lobo que iba destinada a Hitler estalló pero solo causó heridas leves al dictador. El fracaso de los que debía ser el acto culminante de la resistencia alemana supuso un golpe durísimo a la resistencia, la detención de más de cinco mil personas y la ejecución de alrededor de doscientas.

Von Stauffenberg (segundo empezando por la izquierda), ejecutor del atentado del 20 de julio de 1944.

Los primeros resistentes a Hitler entre las filas de la Wehrmacht se proponían impedir el plan de iniciar una nueva guerra mundial. Esos planes fracasaron, no solo por las vacilaciones de algunos militares sino también por la muy tímida oposición a las agresiones nazis desde el exterior. De hecho, Hitler se convirtió pronto en un personaje popular y ejercía una gran fascinación tanto en la sociedad alemana en general como en el ejército en particular. Los triunfos de Hitler durante la contienda no hacían más que dificultar la viabilidad de un golpe de estado aunque hubo militares que no se rindieron y que se organizaron para ello. Formar parte de la resistencia desde dentro mismo del poder nazi, desde el mismo interior de su ejército, era sumamente peligroso, y algunos intentos fallidos por eliminar al dictador terminaron por desmoralizar a los conspiradores.

Un plan de eliminación de Hitler inscrito en un golpe de estado de mayor alcance era difícil y arriesgado pero no podía fallar. Debía organizarse perfectamente, sin errores. No podían haber vacilaciones como sí las hubo en otras ocasiones, no podía fallar la bomba que debía matar a Hitler como ya había sucedido antes; todo debía desarrollarse según un plan riguroso. El momento elegido para llevarlo a cabo también era algo a tener en cuenta y así se aprovechó la situación que empezaba a ser difícil para Hitler a mediados de 1943, cuando el triunfo alemán en la guerra ya no era tarea fácil. La muerte de Hitler era fundamental para poder formar un nuevo gobierno. Su caudillaje era indiscutido e indiscutible, no había sucesor posible. Si él moría, el régimen moriría con él siempre y cuando los aliados encontraran motivos para confiar en un hipotético nuevo gobierno alemán surgido del golpe de estado.

En agosto de 1943 empezaron los preparativos para la Operación Valquiria y comenzaron algunos intentos de atentado, obviamente fallidos. Un atentado en un espacio abierto era difícil dadas las férreas medidas de seguridad; además, las apariciones públicas Hitler ya empezaban a escasear ante el rumbo que llevaba la guerra. Hitler se concentraba cada vez más en el trabajo con sus generales, sobre todo en los cuarteles de fuera de Berlín, muy especialmente en la Guarida del lobo. Allí solamente veía a gente conocida, de su total confianza. Pero altos mandos nazis y la Gestapo tenían sospechas de la existencia de algún complot, e incluso las sospechas se dirigían a oficiales del estado mayor.

En verano de 1944 los aliados ya habían desembarcado en Normandía y el ejército alemán del frente oriental estaba en retirada. El final de la guerra parecía próximo y un intento de golpe de estado debía realizarse entonces. Parecía como si en aquel momento hubiera la última oportunidad de acabar con Hitler y los militares conspiradores decidieron que era la ocasión de actuar. Uno de ellos, el teniente Heinrich Graf von Lehndorff-Steinort, escribió a uno de sus compañeros: «Hay que intentar el asesinato cueste lo que cueste». Por supuesto, en la resistencia ciudadana también se producían movimientos pero la Gestapo no actuaba, quizá para esperar al momento justo. De momento, iban recabando información y ya sabían que desde hacía más de un año el plan se estaba gestando desde dentro del ejército así como también fuera. Incluso Himmler se entrevistó al menos en una ocasión (en agosto de 1943) con el ministro prusiano de finanzas, Johannes Popitz, el cual, comprometido con la resistencia, ofreció al hombre de confianza de Hitler y cabeza visible de la temible Gestapo, el apoyo de los opositores al gobierno nazi si se propusiera desplazar a Hitler del poder y así conseguir un final negociado de la guerra. Sorprendentemente Himmler no hizo nada en contra del ministro y, obviamente, tampoco en contra de su idolatrado Hitler. Es decir, tras la entrevista, que podría haber sido el inicio de detenciones y muertes, no pasó nada. Quizá Himmler prefería esperar a ver qué sucedía contando con muchísima información o bien esperar a que terminaran con Hitler y fuera su sucesor. Hasta ese momento, nadie imaginaba que podría haber un sucesor de Hitler en el poder pero Himmler parecía un candidato posible. No se comprometería con la resistencia pero aceptaría ocupar el poder. Probablemente, la derrota ya previsible de la guerra hiciera posible que Himmler creyera que tal solución fuera posible e incluso honorable para él.

Stauffenberg fue nombrado jefe del Estado Mayor el 1 de julio de 1944 y ello suponía un contacto habitual con Hitler y sus hombres de confianza. En pocos días de aquel mismo mes acudió con una bomba en la cartera a reuniones con Hitler pero no hizo nada dado que Himmler no acudió. La explicación es sencilla: los conspiradores estaba convencidos de que para el éxito de la Operación Valquiria era necesario matar no solo a Hitler sino también a Himmler y a Göring.

Los acontecimientos se precipitaron cuando los conspiradores supieron que la Gestapo andaba detrás de Stauffenberg y que posiblemente lo arrestarían. Stauffenberg, de nuevo con una bomba en la cartera, acudió a la cita de una reunión con Hitler el 20 de julio. El plan era dejar la bomba cerca del Führer y hacerla detonar a distancia. Para ello, Stauffenberg contaba con el apoyo de otro conspirador presente en la reunión y, alegando problemas de audición, pidió colocarse cerca de Hitler a fin de poder dejar allí la cartera que contenía la bomba. Llegado el momento, abandonó Stauffenberg la sala y se reunió con el general Fellgiebel y con el teniente von Haeften. Entonces, la bomba explotó pero no mató a Hitler. Stauffenberg y sus compañeros pensaron que nadie habría sobrevivido a la explosión y este, junto a von Haeften, se dirigió al aeropuerto más cercano para escapar antes de que se diera la señal de alarma. Algunas acciones de la Operación Valquiria se llevaron a cabo ante la creencia de que Hitler había muerto; otras no, dado que algunos resistentes sabían que el atentado había sido fallido. Hubo errores graves que fueron fatales, como no cortar el teléfono de Goebbels cuando este estaba en manos de los conspiradores. La resistencia llegó a realizar detenciones en Viena, en Praga y en otras ciudades entre miembros de las SS.

Hitler reaccionó cuando ya se había repuesto y ordenó a sus hombres que se hicieran cargo del control de la situación en Berlín. Hubo conspiradores que cambiaron de bando y se produjeron tiroteos entre ellos. La Operación Valquiria era ya imposible.

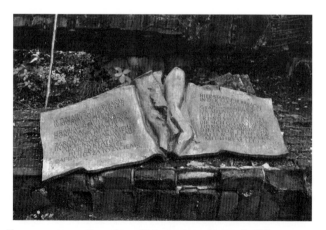

Placa conmemorativa sobre el intento de asesinato de Hitler a manos de Von Stauffenberg.

El Führer se dirigió por radio a la población y dijo lo siguiente acerca de los hechos: «Una exigua camarilla de oficiales ambiciosos, desaprensivos y además criminales y estúpidos, ha forjado una conjura para eliminarme y arrancar de raíz también junto a mí a casi toda la comandancia de las fuerzas armadas alemanas [...]. La banda de criminales será implacablemente eliminada [...]. Saldaremos las deudas como los nacionalsocialistas estamos acostumbrados a hacerlo». Himmler anunció que se actuaría contra los sediciosos de acuerdo con la tradición de Blutrache, la venganza de sangre, del antiguo derecho germánico. Otra invocación a la sangre, las leyes en torno a la Sippenhaft, culpa de sangre, se aplicaron a sus familiares, que fueron arrestados. La Gestapo aprovechó la coyuntura favorable a las detenciones para arrestar a aquellos que eran sospechosos de tener simpatías con la oposición al régimen nazi.

La rosa blanca

Hans Scholl y su hermana Sofía, Alexander Schmorell, Willi Graf y Christian Probst, cinco estudiantes universitarios bávaros educados por el filósofo cristiano Kurt Huber, se ocuparon de redactar, imprimir y difundir en los tiempos difíciles del Tercer Reich el periódico clandestino *La rosa blanca* (*Die weiße Rose*), una publicación que era en realidad la expresión de un grupo de la resistencia alemana que postulaba la no violencia en su lucha contra el régimen nazi. La actividad del grupo empezó en junio de 1942 y terminó muy pronto, en febrero de 1942. A sus cinco miembros fundacionales se unieron otros, todos ellos cristianos firmemente opuestos al nacionalsocialismo. Su mentor fue el profesor de musicología y psicología en la universidad de Munich Kurt Huber, quien asimismo se comprometió activamente en la resistencia. Huber fue muy pronto un profesor respetado y en 1937, cuando a sus cuarenta y cuatro años ya gozaba de un merecido prestigio gracias a diversas publicaciones sobre psicología musical, estética musical y otras disciplinas y ámbitos de estudio, obtuvo un nombramiento académico importante en Berlín. Allí se dedicó a crear un archivo de música popular pero tenía prohibido dar clases en la universidad ya que se había negado a componer canciones para la agrupación de estudiantes nacionalsocialistas. Ello supuso un pronto retorno a Munich. Allí, junto a algunos de sus alumnos que, sin que mediara mucho tiempo, redactó un escrito titulado *Manifiesto a todos los alemanes* que se inscribía dentro de las actividades de resistencia del grupo de estudiantes *La rosa blanca*, que tomaba su nombre de la publicación a la que ya nos hemos referido. El compromiso de Huber con los que fueran sus alumnos y que se encargaban de la publicación de *La rosa blanca* llegó hasta el final, hasta sus últimas consecuencias. Huber había redactado un manifiesto dirigido contra la política de guerra de las autoridades nazis y Sophie Scholl, una de las estudiantes que repartía dicho manifiesto en la universidad fue arrestada por la Gestapo al ser esta informada por un bedel. Ella y su hermano Hans, Christopher Probst, Willi Graf y Alexander Schmorell, junto al profesor Kurt Huber, fueron detenidos. Al cabo de poco tiempo de su arresto y en distintas condiciones todos fueron ejecutados. La esposa de Huber había rogado al compositor Carl Orff, célebre autor de la sobrevalorada cantata *Carmina burana*, un músico afín al régimen, que se sirviera de su mayor o menor ascendente sobre las autoridades nazis para conseguir que salvaran a su esposo. No sirvió de nada ya que Orff le dijo que ello «lo arruinaría». Curiosamente, cuando Orff pasó el proceso de desnazificación posterior a la guerra, fue absuelto de las sospechas de connivencia con el nazismo gracias a que él mismo dijo que no solo fue un activo miembro de *La rosa blanca* sino que fue uno de sus fundadores.

Los miembros varones de *La rosa blanca* habían estado en el frente y tenían noticias, en ocasiones como espectadores directos, de las atrocidades que allí se vivieron. Igualmente conocían bien todo lo que se perpetraba en los campos de exterminio y, por ambas cosas, estaban escandalizados. Ello les llevó a la acción. No era posible que aquella sinrazón continuara. El campo de acción de *La rosa blanca* era preferentemente la Universidad de Munich. Allí repartían sus folletos y realizaban pintadas antinazis aunque también se arriesgaban a llegar más lejos y sus textos llegaban también a Frankfurt, Stuttgart, Viena, Friburgo, Sarrebück, Mannheim y Karlsruhe.

Era común entre la resistencia, tanto en Alemania como en Francia como en cualquier otro lugar entonces, el rechazo frontal al totalitarismo pero *La rosa blanca* añadía una característica entonces poco menos que insólita: el antimilitarismo y la no violencia. Sus miembros, animados por el profesor Huber, creían en una Europa federada unida cuyos principios giraban en torno a los ideales de libertad, tolerancia y justicia. En sus manifiestos citaban pasajes de la *Biblia*, de Lao-Tse, Aristóteles, Novalis, Goethe, Schiller, etcétera, en un claro afán por conseguir el apoyo y el compromiso activo de la población culta del país creyendo que esta estaría abiertamente en contra de los postulados nazis y de sus aberrantes consecuencias cuando estos se trasladaban a la acción política y social.

Un ejemplo de la ideología del grupo, fuertemente influenciada por el mensaje fraternal cristiano enemigo de toda violencia, queda bien explícito en este escrito procedente del diario de Sophie Scholl datado el 12 de febrero de 1942: «Cuando miro a los hombres a mi alrededor, y también a mí misma, siento un enorme respeto ante las personas pues a causa de ellas Dios ha descendido. Por otra parte es lo que menos entiendo. Sí, lo que menos entiendo de Dios es su amor. Señor, necesito rezar, rogar. ¡Sí! Tendríamos que tener siempre presente cuando nos interrelacionamos que Dios se hizo Hombre por nosotros».

Los principales integrantes de *La rosa blanca* fueron atrapados y asesinados pero alguno logró escapar a esta suerte, caso de Lilo Furst-Ramdohr, quien en 2013, rememorando el setenta aniversario de las ejecuciones de sus compañeros se refería a su entrada en el grupo, ya viuda a los veintinueve años a raíz de la muerte de su esposo en el frente ruso. Entonces fue presentada al grupo por medio de Alexander Schmorell. Así se expresaba entonces a Lucy Burns de la BBC: «Todavía

Monumento en Munich en recuerdo de la Rosa Blanca.

puedo ver a Alex cuando me hablaba del grupo. Nunca utilizó la palabra *resistencia*, solo dijo que la guerra era terrible, con las batallas y tanta gente muriendo, y que Hitler era un megalómano y que por tanto tenían que hacer algo». Refiriéndose a los hermanos Scholl decía que «Hans tenía también mucho miedo, pero querían seguir adelante por Alemania. Amaban su país». Lilo recordaba asimismo, con emoción, las últimas palabras de Hans antes de morir. «¡Viva la libertad!».

Tal como nos cuenta Lucy Burns en esta misma entrevista realizada a Lilo en 2013: «La propia Lilo Furst-Ramdohr fue arrestada el 2 de marzo del mismo año. *Dos hombres de la Gestapo vinieron al apartamento y lo pusieron todo patas arriba*, comenta. *Revisaron mis cartas, y entonces uno de ellos dijo*: "Me temo que tendrá que acompañarnos". *Me llevaron en tranvía a la cárcel de la Gestapo en el Palacio Wittelsbach, estaban de pie detrás de mi asiento para que no pudiera escapar*. Furst-Ramdohr pasó un mes bajo custodia de la Gestapo. La interrogaban con regularidad sobre su papel en *La rosa blanca*, pero eventualmente la dejaron en libertad sin cargos, un golpe de suerte que ella relaciona con el hecho de ser viuda de guerra y con la probabilidad de que la Gestapo esperaba que los condujera hacia otros conspiradores. Tras su puesta en libertad, fue seguida por la policía secreta durante un tiempo, Entonces, abandonó Munich por Aschersleben, cerca de Leipzig, donde se volvió a casar y abrió un teatro de marionetas. El último folleto de *La rosa blanca* fue extraído de Alemania e interceptado por las fuerzas aliadas, con el resultado de que en el otoño de 1943 millones de copias fueron lanzadas desde el aire sobre Alemania por un avión aliado».

Según un artículo publicado en *Aragón liberal* en 2006, Fernando Íñigo se refiere a que «según la hipótesis más documentada, el nombre de *La rosa blanca* tiene su origen en el romancero español de Clemens Brentano, que tiene como título precisamente *La rosa blanca*». Íñigo se refiere asimismo a que «el objetivo de esta organización era la resistencia civil frente al nazismo. Para ello, se servían básicamente de dos armas: la publicación de pasquines y el sabotaje activo pero no violento. La característica más acentuada en la mayor parte de sus miembros fundadores era una profunda religiosidad. No en vano, la fuente espiritual e ideológica de esta organización fueron por un lado el llamado grupo de *Renovación Católica* francés de finales del siglo XIX, integrado por escritores de la talla de Bernanos, Claudel o Maritain, y el catolicismo reformado alemán de Theodor Haecker y Carl Muth, director de la revista *Hochland*, y cuya meta era tender puentes entre el pensamiento católico y la cultura moderna. Con estos dos grandes pensadores alemanes, los fundadores de *La rosa blanca* mantuvieron frecuentes entrevistas con estos dos grandes pensadores alemanes, también activos opositores del régimen nazi». Acerca de la ejecución de los miembros del grupo, Íñigo se refiere a la de Sophie Scholl en unos términos realmente emotivos. «De la ejecución de Sophie Scholl nos ha quedado el estremecedor relato de su verdugo: *En los muchos años de mi oficio, jamás he visto a nadie que se enfrentara a los últimos instantes de su vida con tanta serenidad como esta muchacha menuda, de ojos profundos, casi una adolescente.* Meses antes de su muerte, Sophie Scholl había anotado en su diario: *Dios mío: no sé otra cosa que balbucear cuando me dirijo a ti. No sé hacer más que presentarte mi corazón, al que mil deseos quieren apartar de ti. Como soy tan débil que no puedo permanecer voluntariamente vuelta a ti, destruye lo que de ti me aparte y llévame con violencia hacia ti. Pues sé que solo en ti soy feliz.¡Qué lejos estoy de ti!*».

En 2006, otro miembro superviviente de *La rosa blanca*, Franz Josef Müller, aconsejaba a nuestros jóvenes: «No calléis cuando veáis una injusticia. Buscad amigos que tampoco quieran callar». Recordaba entonces que ese era el ideario de los miembros de *La rosa blanca*.

Tres años antes, monseñor Helmut Moll, de la archidiócesis de Colonia y consultor teológico en la Congregación para las Causas de los Santos, dijo: «Si tuviera que proponer para la JMJ [Jornada Mundial de la Juventud] de Colonia de 2005 un modelo de santidad, elegiría a los jóvenes de *La rosa blanca*, estudiantes ortodoxos, protestantes y católicos de Munich que en 1942 lucharon para defender ante el nazismo la dignidad del hombre y de la religión».

La escritora Inge Aicher-Scholl, hermana de Sophie y Hans, escribió un libro titulado precisamente *La rosa blanca* en el que se refiere a los peligros que tuvieron que sufrir los miembros del movimiento entonces: «¿Se podía saber si la Gestapo no les seguía ya los pasos? Los vecinos a quienes saludaban sin sospechar nada, ¿no los habrían denunciado? ¿No eran vigilados en la calle? ¿No habían tomado ya sus huellas digitales? ¿No se hundiría todo al día siguiente en su camino? Cada día que acababa era un regalo de la vida y cada noche tenía la inquietud del amanecer».

Influido por el desastre de Stalingrado, Hans redactó la última hoja de *La rosa blanca*. Era el mes de febrero de 1943 y en ella, ya hacia el final, podemos leer: «Alemania vivirá siempre en la vergüenza si la juventud no se yergue por fin para vengar y expiar, para construir una nueva Europa espiritual. ¡Estudiantes: el pueblo alemán tiene la mirada puesta en vosotros! Los muertos de Stalingrado nos imploran! Nos alzamos contra el sojuzgamiento de Europa por el nacionalsocialismo en una afirmación nueva de libertad y honor».

Resistencia diplomática

Las embajadas y consulados de todo el mundo en los territorios ocupados por los alemanes durante la Segunda Guerra Mundial poco hicieron por ayudar a paliar la terrible situación en la que vivían los ciudadanos que estaban fuera de, digamos, su jurisdicción. Incluso en algún caso, hubo cierto colaboracionismo más o menos entusiasta que no era otra cosa que traición a la población del propio país o simplemente miedo a lo que pudiera suceder. Esto se dio sobre todo cuando los afectados eran judíos. Pero, como en todo, hubo alguna honrosa excepción que permite ahora, tantos años después de la barbarie, convencernos de que, al final, siempre debemos conservar la fe en la humanidad, que siempre habrá alguien por el cual merezca la pena reivindicar la condición humana. El caso del coronel José Arturo Castellanos, un hombre excepcional curiosamente poco conocido, es especialmente notorio y esperanzador.

Castellanos, militar y diplomático salvadoreño, nació el 23 de diciembre en San Vicente, El Salvador, en el seno de una familia con tradición militar. Se formó en la Escuela Politécnica Militar de su país y después marcho a Italia para continuar sus estudios. Siguió después la carrera militar en su país y llegó a ser segundo jefe del estado mayor. Después se dedicó a la carrera diplomática desde que fue designado cónsul general de El Salvador en Liverpool en 1937, un año después en Hamburgo y finalmente, entre 1941 y 1945, en Ginebra.

Mientras ejercía su cargo en esta ciudad suiza, y trabajando codo con codo con su amigo György Mandl, un empresario judío de origen húngaro —o rumano, según las fuentes— establecido en el país alpino,

consiguió salvar la vida de unos cuarenta mil judíos de diversa procedencia —checos, búlgaros, húngaros, polacos, rumanos— una muerte
cierta de haber llegado a manos de los nazis. Castellanos emitió a tal fin
documentos que hicieron posible la protección de la Cruz Roja internacional de estas personas en grave peligro. Mandl, que adoptó el nombre
de George Mandel-Mantello y consiguió los documentos necesarios que
lo acreditaban como diplomático salvadoreño, fue fundamental en la
labor de Castellanos. Debido a su ascendencia judía, Mandl fue requerido por la Gestapo pero finalmente se incorporó al consulado de El
Salvador en calidad de primer secretario, cargo inexistente y sin atribu-
ciones «creado» por Castellanos pero que hizo posible que se salvara
—tanto él como su familia— de la deportación a Auschwitz. Además,
el hecho de que Castellanos firmara de su puño y letra certificados de
ciudadanía a un gran número de judíos salvó a estos de una muerte
segura en los campos de exterminio. La labor de Castellanos tiene un
punto heroico dado que sus acciones en defensa de los judíos ponían en
peligro su carrera diplomática ya que Maximiliano Hernández Martínez, a la sazón presidente de El Salvador, se había mostrado favorable
al régimen de Hitler.

Mattanya Cohen, nombrado embajador de Israel en El Salvador en
2007 se convirtió en el más entusiasta y ardiente defensor del reconocimiento de la labor de Castellanos. Cohen consiguió llamar la atención
del mundo hacia Castellanos como una especie de Schindler —este sí,
muy popular gracias sobre todo a la magnífica y memorable película
de Steven Spielberg— salvadoreño. Tres años después, el Museo del
Holocausto de Jerusalén reconoció a Castellanos con el título de *Justo
entre las naciones*. Tal distinción corresponde a personas que, como él,
se hubieran destacado en la defensa de la población judía, en su caso
en el momento más incierto de su supervivencia como pueblo. «Teníamos documentos —declaró entonces Cohen— pero necesitábamos una
prueba filmada para demostrar a Yad Vashem [Autoridad para el recuerdo de los mártires y héroes del holocausto] que Castellanos salvó
miles de judíos sin recibir nada a cambio. Tuve la suerte de entrevistar
al profesor de la Universidad hebrea de Jerusalén, Yitzhak Meir, quien
durante la Segunda Guerra Mundial tenía dieciocho años y sobrevivió
al holocausto gracias a Castellanos. Su prueba fue esencial para ser un
Justo entre las naciones». Para Cohen, «es importante que el mundo y

sobre todo Israel y El Salvador tengan un amplio conocimiento sobre este Justo entre las naciones». Este título ha sido concedido a los largo de los años a unas veinticuatro mil personas, en su mayor parte europeos no judíos, que en unos momentos difíciles no dudaron en arriesgar en peligro o su actividad profesional para salvar al pueblo hebreo del nazismo.

Según Cohen, «los números no se conocen de forma exacta entre otras cosas porque los documentos fueron enviados a personas y familias. Oskar Schindler salvó a mil doscientos judíos. Evidentemente salvar una persona es salvar un mundo pero aquí estamos hablando de decenas de miles salvados por este héroe salvadoreño». Cohen recordó en su momento que, entre los seis millones de judíos asesinados, se encontraba casi toda la familia de su abuela y que miles de documentos con el membrete oficial de El Salvador fueron enviados a otros tantos judíos comunicándoles que eran ciudadanos salvadoreños, lo cual suponía escapar del destino que los condenaba a la cámara de gas o a los trabajos forzados; es decir, a una muerte más que probable. Quien acreditara que era un ciudadano reconocido por El Salvador quedaba protegido de la deportación. Y ello fue posible gracias a la labor de Castellanos que contó con el apoyo infatigable de Mandl.

Castellanos nunca dio importancia a su labor y así lo prueba el hecho relatado por Cohen de que Frida, hija de nuestro héroe, no supiera nada de todo esto hasta después de muchos años: «Es increíble pero tan solo tres años antes de la muerte de su padre, Frida se enteró. Cuando le preguntó por qué no le había contado antes nada sobre una acción tan noble e importante, le contestó: *Hice lo que cualquier otra persona hubiera hecho*».

Para Baruj Tenembaum, creador de la Fundación Wallenberg que le propuso para el prestigioso reconocimiento de *Justo entre las naciones*, reconocía que «no es posible imaginar el holocausto sin la figura luminosa del coronel Castellanos. Su gesta gloriosa está a la altura de otras misiones humanitarias de perfiles épicos como la de Raoul Wallenberg o la de Aristides de Sousa Mendes. Celebramos este feliz momento trabajando para lograr que otros actos de justicia y reconocimiento tengan lugar en un futuro cercano».

Precisamente Tenembaum escribió una carta a Mauricio Funes, el presidente de El Salvador, el 11 de mayo de 2010 en la que puede leerse lo siguiente:

Señor Presidente,

Hace menos de cuatro meses, en una carta con fecha 22 de enero, tuve el honor de dirigirme a usted para comunicarle los esfuerzos y las gestiones que durante largos años la Fundación Internacional Raoul Wallenberg, *staff*, voluntarios, colaboradores, realizaba a favor del reconocimiento a la gesta del coronel José Arturo Castellanos durante el holocausto.

Hoy, señor presidente, puedo decirle con orgullo y emoción que el trabajo realizado ha rendido sus frutos al otorgar Yad Vashem, la Autoridad para el Recuerdo de los mártires y héroes del holocausto, el título de *Justo entre las Naciones* al coronel Arturo Castellanos.

De este modo, la república de El Salvador ya forma parte del exclusivo grupo de naciones cuyos ciudadanos han sido declarados *Justos*, al tiempo que se convierte en el cuarto país en el continente americano en aportar un salvador del holocausto a la honorable nómina.

Vaya aquí nuestro reconocimiento al gobierno de El Salvador por el entusiasmo y la dedicación puesta al servicio de esta causa que marca de modo indeleble los registros de las mejores páginas de la historia.

También, transmitimos nuestro saludo y admiración a la tarea desplegada por el embajador Ricardo Morán Ferracuti quien, al frente de una comisión investigadora del Ministerio de Relaciones Exteriores, llevó a cabo junto a su equipo una labor excepcional, digna de reconocimiento, para honrar la memoria del coronel Castellanos.

Nos alegra saber que todos los esfuerzos que la Fundación Wallenberg ha realizado desde sus oficinas en Buenos Aires, Jerusalén, Berlín y Nueva York, ante los distintos factores —gestiones oficiales y extraoficiales— hayan culminado exitosamente.

Celebrando la consagración de *Un Salvador para El Salvador*, me despido de usted saludándolo muy respetuosamente.

Más resistencia diplomática

Afortunadamente, actitudes como la del coronel salvadoreño José Arturo Castellanos no fueron un hecho aislado. Hubo otros personajes notables que utilizaron su influencia, e incluso en algún caso —como el del célebre Schindler— se valieron de su prestigio personal entre los nazis. Oskar Schindler, incluso, fue miembro del partido nazi, lo mismo que algún otro de estos héroes de un tipo de resistencia que podríamos llamar de guante blanco cuya actitud y cuyas acciones salvaron miles de vidas humanas. Nos referiremos ahora a uno de ellos, Eduardo Propper de Callejón, uno de esos personajes que nos devuelve la fe en la humanidad.

Propper era un importante diplomático español hijo de un banquero judío de origen bohemio y de una española. Su esposa, Hélène Fould-Springer era hija de judíos; el padre, banquero con el título nobiliario de barón, y la madre, también procedente de una familia de alta posición social, hermana de la famosa mecenas la baronesa Liliane de Rotschild.

Propper se licenció en derecho por la Universidad de Madrid en 1915 y ese mismo año se matriculó en la escuela diplomática. Tres años después ingresó en la carrera diplomática pero renunció en 1931 a causa del cambio de régimen en España. Él era monárquico y estaba en desacuerdo con la república que se había instaurado en el país. Tras el desenlace de la Guerra Civil española, con el triunfo de las tropas nacionalistas y la ascensión de Franco al poder, se reincorporó al cuerpo diplomático español y estuvo destacado como primer secretario en la embajada española de París. Con la huida del legítimo gobierno francés tras la ocupación alemana que colocó en el poder a Pétain en París, las misiones diplomáticas extranjeras abandonaron la capital francesa. Propper se mudó entonces a Burdeos y, sorprendido, se percató de que el cónsul había abandonado su puesto. En cambio, en el exterior de la sede diplomática, una multitud se agolpaba con la esperanza de recibir un visado que les permitiera escapar de los nazis. Por entonces, grupos de personas de diversa edad, procedencia y condición deambulaban por los caminos de la parte meridional del país intentando atravesar los Pirineos dado que creían que España era un lugar seguro. En Burdeos la multitud que Propper encontró pensaba lo mismo. No lo dudó un momento. Abrió las puertas del consulado en Burdeos y expidió más de treinta mil visados para que otras tantas personas, en su inmensa mayoría judíos, llegaran a Portugal atravesando España. Dado que España no era un lugar tan seguro como pretendían muchos de los que querían llegar a este país, Portugal sí que lo era. Propper contó entonces con la colaboración y ayuda inestimable del cónsul portugués Aristides de Sousa Mendes. Por supuesto, esta acción no gustó al gobierno de Vichy ni al gobierno español dado que ambos daban un claro apoyo a Hitler y colaboraron vergonzosamente en diversas ocasiones en la detención de judíos que fueron puestos a disposición de los nazis, lo que suponía una muerte más que probable.

La reacción no se hizo esperar: el ministro de asuntos exteriores español Ramón Serrano Súñer ordenó a José Lucrecia, quien era entonces el embajador en Vichy, la suspensión de las funciones de Propper en la diplomacia española en Francia y su traslado a Marruecos, en concreto a Larache, cuartel de la legión española allí. El embajador consideró, y así lo hizo saber al ministro Serrano Súñer —quien, por cierto, era cuñado de Franco y uno de los políticos españoles del momento más abiertamente pronazi y germanófilo— que no era conveniente dado que Propper había sido distinguido por el mismísimo Pétain con la Cruz de la Legión de Honor francesa. La respuesta de Serrano Súñer fue que le daba lo mismo, que cumpliera la orden aunque «me hago cargo de las razones que el gobierno francés habrá tenido para conceder la Cruz de la Legión de Honor al funcionario español que sirvió a los intereses de la judería francesa».

La labor humanitaria de Propper, ayudado por Sousa Mendes, duró cuatro intensísimos días. Entre el 18 y el 22 de junio de 1940 no paró de emitir visados sin autorización previa del ministerio a cuyo frente estaba Serrano Súñer. Por supuesto, que Propper estuvo realizando una acción que contravenía lo establecido pero el objetivo mereció la pena y logró salvar, como hemos apuntado más arriba, a unas treinta mil personas. Propper fue destituido de su cargo en Francia aunque continuó ejerciendo funciones diplomáticas en el exterior, si bien nunca, a lo largo de su carrera, que se prolongó hasta 1965, año en que se jubiló, fue nombrado embajador. Sin duda, a pesar de los años transcurridos, la sombra de Serrano Súñer era alargada.

El «reconocimiento» del gobierno franquista a sus servicios fue bien distinto del que recibió el 27 de agosto de 2007 cuando recibió, como recibiría tres años después José Arturo Castellanos al que ya nos hemos referido, el título de *Justo entre las naciones*. Para el activista judío de origen argentino Baruj Tenembaum, creador de la Fundación Wallenberg que le propuso para el prestigioso reconocimiento de *Justo entre las naciones*, «si el Holocausto pudiese ser conmemorado con una moneda, esta tendría dos caras opuestas: de un lado estaría representado el exter-

minio industrial de seis millones de personas y del otro el heroísmo sin-
gular de los Justos Gentiles, aquellos que no siendo judíos arriesgaron
sus vidas, la de sus seres queridos y todas sus pertenencias para salvar las
vidas de los judíos condenados a muerte por el régimen nazi. En esa otra
cara de la moneda vemos reflejada la imagen de Raoul Wallenberg, así
como la de muchos diplomáticos de diferentes nacionalidades quienes,
inspirados en una profunda vocación humanista y solidaria, cumplieron
con el imperativo ético y moral que su rol de funcionario público les
imponía. Todos son la encarnación de las mejores cualidades del ser humano y a ellos rendimos homenaje. Entre los muchos servidores de Estado que permitieron que centenares de miles de vidas no fueran segadas,
no ha sido menor el rol cumplido por los valientes diplomáticos españoles; entre ellos el injustamente olvidado Eduardo Propper de Callejón».

Tenembaum se lamentaba del hecho de que «a Eduardo Propper de
Callejón lo ganó el olvido. En tiempos de la Segunda Guerra Mundial
cuando desempeñaba su cargo como Primer secretario en la embajada
española en París, arriesgó su vida para proteger a miles de judíos. Durante esos años, el diplomático español se encargó de firmar, muy sutil-
mente, los documentos para que una gran cantidad de personas pudieran escapar de los nazis; con mucha astucia colocó bajo su protección
obras de arte, bienes y una serie de pertenencias de los judíos fuera del
alcance de los nazis. En septiembre de 1939, cuando estalló la Segunda
Guerra Mundial, Propper anunció al Ministerio de Asuntos Exteriores
francés que el castillo de Rayaumont, al norte de París, se había transfor-
mado en su residencia principal y en oficinas diplomáticas. De ese modo,
a partir de la declaración de guerra, tanto la propiedad y los terrenos de
Rayaumont como el contenido del domicilio del diplomático se encontraban bajo protección de la bandera española».

Tenembaum introdujo en esta defensa de la figura de Propper otro
aspecto importante que también es una muestra de esa resistencia «de
guante blanco» a la que nos referíamos al principio: la protección de
bienes de las garras de los nazis. En este caso, la importante colección de
obras de arte de sus suegros que, dada la condición de judíos de estos,
hubiera ido a parar a las manos de los nazis. Por supuesto, esta acción
fue otro desafío de este hombre extraordinario.

6

La resistencia en los guetos judíos y en los campos nazis

En entornos tan brutales, inhumanos e ignominiosos como los guetos judíos y los campos nazis se dieron muestras de resistencia. No podía ser de otro modo ya que, a menudo, la situación era de una ausencia total de esperanza. Solamente se tenía que ganar, nada que perder, y por ello hubo intentos desesperados de fuga. La libertad estaba al otro lado de la valla; dentro, solamente cabía esperar la muerte. Algunas de estas historias de resistencia se cuentan entre los hechos más realmente heroicos de la guerra.

El levantamiento del gueto de Varsovia, ¿victoria o derrota?

El periodista canadiense Matthew Brzezinski es autor del libro *El ejército de Isaac,* una novela donde se hace eco de los movimientos de resistencia judíos en la Polonia ocupada. Para él, la resistencia judía es una muestra de que «en todos nosotros late la capacidad de hacer muchísimo bien y, desgraciadamente, la de hacer muchísimo mal». Analizando el levantamiento del gueto de Varsovia, ha llegado a la conclusión de que «antes del levantamiento del gueto, la resistencia no estaba armada pero los judíos se resistían de mil maneras, ya fuera desafiando las órdenes del gueto, ya ocultándose en la clandestinidad, ya pasando alimentos de contrabando para sortear la política nazi de hacer morir de hambre a los judíos o ya viajando por toda Europa oriental disfrazados de gentiles para mantener comunicados entre sí e informados a judíos de diferentes comunidades». Ante la situación en que vivían los judíos en las zonas europeas ocupadas, Matthew Brzezinski dice que «en algunos casos, la gente simplemente no podía creer que fueran

Fotografía realizada por Jürgen Stroop en un reportaje para Heinrich Himmler
durante el levantamiento del gueto en mayo de 1943.

posibles semejantes barbaridades. Ahora bien, en un contexto más amplio, la población judía no podría haber organizado una resistencia a gran escala porque la inmensa mayoría no estaba más que para aferrarse a su propia supervivencia física, para salvarse de las enfermedades y la desnutrición. De la misma manera que había un grupo limitado de posibles soldados, también había un núcleo, aunque prácticamente inexistente, de oficiales militares entrenados para encabezar un movimiento organizado de resistencia». La situación en Polonia, un país con una fuerte y larga tradición antisemita, impedía *de facto* el alistamiento de los judíos a las fuerzas armadas. Y no porque estos no quisieran o porque se inhibieran ante la tremenda situación suscitada tras la invasión alemana, sino porque estaban disuadidos de entrar en un espacio que tenían vedado. No estaba prohibido pero sabían que allí, en tanto que judíos, no podían entrar. Como dice Matthew Brzezinski, «antes de la guerra, a los judíos se les había disuadido de alistarse en las fuerzas armadas de Polonia debido al antisemitismo y por tanto había muy pocos judíos que supieran planificar una campaña militar. Y por último, aún bajo el supuesto de que hubiera habido un grupo de hombres capaces y en forma y unos oficiales capaces de dirigirlos, los judíos no tenían prácticamente acceso alguno a armas».

Acerca del levantamiento del gueto de Varsovia, Matthew Brzezinski es concluyente: «El simple hecho de reunir armas y explosivos suficientes para quinientas personas resultó ser un reto casi insuperable para los combatientes del gueto. Les habría resultado absolutamente imposible reunir un arsenal suficiente para medio millón de personas. Los movimientos gentiles de resistencia disponían de todas esas ventajas: enormes almacenes clandestinos de armas tomadas antes de la capitulación y ocultos a los alemanes, oficiales capacitados y una jerarquía militar sobre el terreno, además de una población general que estaba infinitamente más sana en términos de enfermedades y de nutrición y, por tanto, mucho más capacitada para combatir».

El caso es que en el gueto de Varsovia hubo un levantamiento. Este gueto era el mayor de los que existían en la Europa ocupada por los nazis y fue implantado como tal en el centro de la capital polaca entre los meses de octubre y noviembre de 1940. Allí fueron confinados los judíos de Varsovia y de otras zonas de Polonia, así como judíos deportados de

Judíos capturados por soldados alemanes, que los conducen a la deportación en abril de 1943.

otros países ocupados por el ejército nazi, especialmente, claro está, de la propia Alemania. De hecho, el gueto fue concebido como una mera etapa en el viaje hacia los campos de exterminio, sobre todo al de Treblinka.

En el gueto —separado del resto de la ciudad por un muro de tres metros de altura— vivían unas cuatrocientas mil personas y las condiciones de vida allí no eran, ni mucho menso, fáciles. El hambre, las enfermedades y las deportaciones a los campos de concentración y de exterminio redujeron su población a cincuenta mil habitantes. Hay que añadir, además, los asesinatos que allí se produjeron por causas injustificables, si es que hay asesinatos justificables. Estaba prohibido salir del gueto, aunque fuera por ir a por comida, y si alguien lo intentaba era muerto inmediatamente. Quizá por todo ello, porque a los que allí se hallaban ya no les quedaba ninguna esperanza y no tenían otra cosa que perder sino era su propia vida, fue el escenario de la más importante acción de la resistencia judía.

El aislamiento de los judíos de Varsovia en un gueto era un objetivo que había sido ya previsto tras consumarse la ocupación alemana de Polonia en 1939 y quedó establecido como tal el 16 de octubre de 1940. Por entonces, en torno a un tercio de los habitantes de la capital polaca residían en el gueto, que no dejó de ampliarse en población —no así en territorio— cuando empezaron a llegar judíos procedentes de otras ciudades, pueblos y aldeas del país. Las enfermedades y el hambre hicieron estragos entre la población. Mientras que a los alemanes les correspondía dos mil cuatrocientas calorías por día y a los polacos no judíos les correspondían mil ochocientas, a los judíos les bastaba con ciento ochenta y cuatro.

Tras una temporada de cierta facilidad para los desplazamientos que duró exactamente un mes, el 16 de noviembre de 1940, el gueto de Varsovia fue cercado con alambres y con un muro. El acceso y, por consiguiente, la huida de él era poco más que imposible si se tiene en cuenta la férrea vigilancia a que eran sometidas sus fronteras.

Los judíos del interior del gueto se organizaron de inmediato para garantizar la mayor calidad de vida posible e incluso, durante un corto periodo de tiempo, hubo escuelas más o menos «legales» para los niños al tiempo que hubo otras más o menos «clandestinas» para los jóvenes. Asimismo funcionaban entonces, con mayor o menor precariedad, hospitales y lugares de acogida para los muchos huérfanos que había pero estos centros, que podríamos llamar «de salud» fueron clausurados en 1942 y sus responsables fueron deportados a Treblinka; es decir, a una muerte más que probable tras sufrir penurias y humillaciones. En el gueto había, además, prensa diaria en yidddish, en polaco y en hebreo, así como servicios religiosos para judíos y para los conversos al catolicismo. Había también teatro, exposiciones y conciertos pero, obviamente, la situación de sus habitantes distaba mucho de ser «normal».

Tras la Conferencia de Wansee del 20 de enero de 1942, que marcó el inicio de la llamada «solución final», empezó el exterminio que culminó en mayo de ese mismo año con la liquidación del gueto. Llegaron después las deportaciones y los suicidios de muchos judíos notables de cierto ascendente entre los miembros de la comunidad que, impotentes, asistían a un calculado plan de exterminio de su gente sin poder hacer nada. Los canales de comunicación con el enemigo se habían roto por completo y ejemplo de ello es el suicidio de Ada, Czerniaków quien, tras intentar negociar lo imposible con los nazis, dejó escrito: «Ya no puedo soportar más. Mi acción mostrará a todos lo que debemos hacer». Los continuos traslados a Treblinka y a algún otro campo, las continuas ejecuciones y el goteo continuado de suicidios imponían una acción decidida. El levantamiento ya era solo una cuestión de tiempo.

La visita del siniestro Himmler, comandante de las SS, al gueto, donde ordenó una deportación masiva, fue la gota que colmó el vaso. Era el 9 de enero de 1943. Hubo escaramuzas y acciones más o menos exitosas pero la batalla decisiva iba a librarse tres meses después, el 19 de abril. Entonces, un impresionante contingente de militares alemanes —y, todo hay que decirlo, de colaboracionistas polacos— llegó al gueto para sofocar una sublevación más que previsible pues los que allí malvivían estaban al límite. Los enfrentamientos, en un principio, fueron favorables a los judíos resistentes, que conocían como nadie el terreno y podían hacer frente al invasor nazi. Incluso los alemanes se replegaron provocando la ira de Himmler, quien llegó a sustituir al jefe de la operación. El nuevo jefe ordenó la quema de todos, absolutamente todos, los edificios del gueto. Aquello era un infierno pero los resistentes se refugiaron en búnkeres, que pronto resultaron inútiles ante los ataques con gas de los nazis. Los suicidios continuaron incluso entonces, tal era el clima de terror —y de valor— que se había instalado entre los resistentes. Fue el principio del fin.

El gueto de Varsovia fue el mayor de cuantos hubo en Europa durante la Segunda Guerra Mundial. Según cálculos fidedignos hechos públicos por el United States Holocaust Memorial Museum de Washington, «entre el 22 de julio y el 12 de septiembre de 1942, las autoridades alemanas deportaron o asesinaron alrededor de trescientos mil judíos en el gueto de Varsovia. Las unidades de las SS y de la policía deportaron doscientos sesenta y cinco mil judíos al campo de exterminio de Treblinka y once mil quinientos ochenta a campos de trabajos forzados. Los alemanes y sus tropas auxiliares asesinaron a más de diez mil judíos en el gueto de Varsovia durante las operaciones de deportación. Las autoridades alemanas concedieron permiso a solo treinta y cinco mil judíos para permanecer en el gheto, mientras que más de veinte mil judíos permanecieron a escondidas. Para los cincuenta y cinco mil a sesenta mil judíos como mínimo que quedaban en el gheto de Varsovia, la deportación parecía inevitable».

Las tensiones entre las distintas facciones de la resistencia judía se esfumaron ante el rumbo que tomaban los acontecimientos. El 18 de enero de 1943 empezaron las deportaciones en masa desde Varsovia y algunos resistentes armados se infiltraron entre los condenados. La lucha de estos contra los alemanes fue desigual y muchos judíos perecieron pero crearon un caos suficiente como para que, de momento, se suspendieran las deportaciones. Era el 21 de enero y los resistentes creyeron que habían conseguido una victoria. Empezaron entonces a construir búnkeres subterráneos y refugios. Creyeron que estaban preparados para un ataque alemán y estaban convencidos que las deportaciones ya eran cosa del pasado, que podrían impedirlas. Tristemente, nada más lejos de la realidad.

El 19 de abril de 1943, celebración de la Pascua judía, las tropas alemanas llegaron al gueto para eliminarlo. La mayoría de sus habitantes estaban escondidos ya que pensaban que llegaba una nueva deportación. Pero la respuesta no se hizo esperar. No se trataba de aguardar a que el enemigo actuara e intentar huir de él sino de responder e incluso de atacarle. Los judíos del gueto estaban más que organizados. La resistencia ante el ataque alemán se prolongó casi un mes pero esta fue derrotada. La gran sinagoga fue destruida —un acto de gran contenido simbólico—, todo estaba en ruinas, se destruyeron más de seiscientos búnkeres, más de cincuenta y seis mil judíos fueron capturados y al menos siete mil habían sido asesinados mientras que otros tantos fueron deportados a Treblinka, la inmensa mayoría de los cuales fueron a las cámaras de gas donde fueron asesinados. Del resto, unos cuarenta y dos mil, sabemos que fueron a parar a otros campos de concentración y de trabajos forzados. El plan alemán era terminar en un mes con el gueto de Varsovia, pero los resistentes prolongaron la victoria-derrota más de un mes. El general de las SS Jürgen Stroop redactó el informe de cuanto sucedió y aludiendo a la lucha contra los judíos del gueto que resistían escribió: «Mis hombres se entregan a la tarea con un gozo sin fin». Stroop había llegado a Polonia el 19 de abril de 1943 con la misión de sofocar el levantamiento del gueto. Por supuesto lo consiguió y una vez concluido el «trabajo» envío un telegrama a Friedrich-Wilhelm Krüger, teniente general de las SS que encomendó personalmente la dirección de las acciones para sofocar el levantamiento y, por lo tanto, su superior jerárquico, en el que le dijo simplemente que «el antiguo barrio judío de Varsovia ha dejado de existir». Este triunfo alemán fue recibido por Hitler como un regalo en el día de su cumpleaños.

Hacer frente al potente arsenal alemán dentro del gueto podía minar la moral de los resistentes pero no así su imaginación para hacer frente a los ataques con todo lo que tenían a mano. Colocaron tantas minas como pudieron en las calles pero llegó un momento en que estas se terminaron. Entonces decidieron pintar el suelo de las calles. Y así podían leerse mensajes que alertaban a los tanques de que iban a pasar por una zona minada. Los alemanes, prudentes, evitaban esas zonas no fuera a ser que realmente hubiera minas. Pero, ¿el enemigo lo indicaría? Eso, sin duda, debieron pensar en más de una ocasión pero, como dice el dicho, la prudencia es una buena consejera. Hubo casos en que algún potente carro blindado alemán retrocedió ante un objeto sospechoso, como una botella de vidrio pintada de rojo que pendía de un cable tendido entre dos balcones. Podía ser una trampa, o no, pero el tanque se detuvo. El caso es que los enfrentamientos fueron desiguales, es evidente, y los sublevados estaban condenados ya antes de empezar, pero no estaban dispuestos a rendirse.

Esta sublevación realmente heroica, hecho clave en la resistencia durante la Segunda Guerra Mundial, fue el primer levantamiento urbano en la Europa ocupada por los alemanes e inspiró acciones similares que se llevaron a cabo en otros guetos —como los de Bialystok y Minsk— e incluso un levantamiento en campos de exterminio, caso de los de Treblinka y Sobibor. Los sucesos en Varsovia, además, tuvieron un efecto en la actitud de los judíos ante las agresiones de que eran objeto. A partir de ese momento ya no se respondería pasivamente a las persecuciones y a los atropellos. Si de algo sirvió la hazaña del gueto de Varsovia para los judíos fue para recuperar su dignidad personal y colectiva.

Como manifestó en cierta ocasión el político argentino Claudio Avruj, «el levantamiento del gueto de Varsovia simboliza el heroísmo contra toda lógica y probabilidad de éxito. Es la mayor de muchas muestras de resistencia activa que inundan las páginas de la Shoá, el genocidio perpetrado por el régimen nazi, y pone ante nuestros ojos la fortaleza de luchar por los propios derechos».

Del gueto de Varsovia a la libertad

Una mujer de nombre Sara recordaba ya en su vejez el tiempo pasado en el gueto de Varsovia. Sara había nacido en Varsovia en 1926, en el seno de una familia judía profundamente religiosa. Recordaba que «inclusive mucho antes de que estallara la guerra» ya sufría el antisemitismo: «Recuerdo cuando las chicas polacas nos empujaban y nos decían *judíos piojosos vuelvan a su tierra, vuelvan a su Palestina*». Al iniciarse la guerra, Sara tenía catorce años de edad. Tan solo dos días después de empezar aquella pesadilla la casa de su familia quedó totalmente destruida a causa de un devastador bombardeo. «A partir de entonces —decía Sara— comenzaría nuestra gran odisea. [...] Nos llevaron en una caravana durante unos cincuenta kilómetros. Allí se encontraba parte de mi familia. Entre ellas, mi abuela, una mujer muy elegante quien antes había estado encargada de asuntos de beneficencia. A ella la mataron camino a Varsovia. También se encontraban ahí mis padres a quienes también los fusilaron ante mis ojos. A mi madre la metieron en un pozo de cal. Mi hermana mayor, Ida, de treinta años se escapó del gueto de Varsovia y fue a Ublin para estar con mi tío y trabajar en una fábrica de municiones. Cuando los quisieron deportar se opusieron y los quemaron vivos. Mi hermana Bluma de veintiocho años emigró a París. La guerra la pasó en Suiza y fue, sin contarme a mí, la única sobreviviente. Mi hermana Elena de veinticuatro años escapó a Rusia y nunca más supe de ella. Mi hermana Anna se escapó al lado de los polacos, quienes la denunciaron y la mataron. Mi hermano Abraham fue denunciado como guerrillero. A hachazos le rompieron a golpes todos los huesos. Le habían hecho cavar su propia tumba y lo enterraron vivo. Sus gritos se escucharon a cinco kilómetros a la redonda. Muchos trataron de esconderse pero eran denunciados por los mismos polacos, a quienes por entregar a un judío les daban un kilo de harina y un kilo de azúcar. Ese era nuestro precio.

Tras presenciar la muerte de tantos seres queridos me llevaron junto con algunos de mis hermanos al gueto. Allí pude conocer lo que era morir de hambre. No comíamos, podían pasar días y días sin comer; no teníamos agua, no teníamos abrigo. Vivíamos en condiciones infrahumanas. Nos salían costras, llagas en todo el cuerpo, y teníamos todo tipo de bichos encima nuestro, hasta en la cabeza. Parecíamos unos monstruos. Un día, desesperada, me escapé junto con otro judío y nos dirigimos rumbo a los bosques. A pesar de nuestros intentos de escondernos, los alemanes nos encontraron; nos tiraron al suelo y rompieron tres palos sobre nosotros. Nos dejaron medio muertos, completamente ensangrentados. Pasó un polaco con un carro y cuando nos vio ensangrentados nos llevó de vuelta al gueto. Allí nos recibieron los de la guardia y nos tiraron sobre un montón de paja sin ninguna clase de ayuda para curar nuestras heridas. Lo más maravilloso de todo es que a pesar de esto se nos cerraron todas las heridas.

El tiempo que transcurría parecía interminable. Una vez que liquidaron el gueto me llevaron a mí y a dos de mis hermanitos a Treblinka. El camino iba dejando a su paso los cadáveres y gritos de *Shema Israel, Shema Israel, Adonai Elohim*; gritaban y caían muertos. Los alemanes nos decían: «¿Dónde está su Dios? ¿Por qué no nos castiga a nosotros?». Cuando llegamos al lugar vi tanto horror, muerte, desesperación y gritos inhumanos que me agarró un instinto animal de supervivencia que empecé a correr. Lo único que me importaba era escapar. Un soldado alemán estaba apuntándome, listo para matarme y de pronto otro soldado le dijo: «Déjalo estar, no gastes una bala si igual no va a vivir». Fue así como pude escaparme. En mi camino, me encontré con un grupo de guerrilleros, a los que me uní. Recuerdo que hacía mucho frío y pasábamos por mucha hambre también. Un día, fui a buscar comida a la casa de un polaco. El llamó a otros que estaban también ahí y entre todos me violaron. Ellos me estropearon la vida, por eso es que no pude tener hijos; me torcieron la matriz y los ovarios.

Después de esto, sentía que ya no podía más. Me fui a la casa de una vecina nuestra polaca, esposa de un juez a pedirle ayuda. Ella me quería mucho y me escondió en una pocilga para que no me encontraran. Ahí me encontré cara a cara con mis recuerdos. Estaba llena de costras y llagas y las ratas se paseaban por mi alrededor. No tenía noción del tiempo que transcurría, era lo mismo el día y la noche. Llegó un momento que entré a un estado de locura. Mi mente estaba llena de alucinaciones, tenía pesadillas, hablaba con los muertos. Cuando la señora venía a traerles comida a los cerdos, me tiraba unas patatas y eso era todo lo que comía. Un día cuando vino como de costumbre a dar de comer a los animales, salté de donde estaba y llorando le empecé a suplicar que me dejara entregarme a los alemanes. No me importaba morir porque por lo que estaba pasando era peor que la misma muerte. No podía más. Ella no me dejó entregarme y me llevó a un lugar desde donde llevaban a los judíos a los campos de concentración.

Me pusieron en un tren totalmente cerrado con rumbo a un campo de concentración en Alemania, pasando Munich. Fueron tres días y tres noches interminables. Hacía mucho frío. Al llegar nos pusieron a traba-

Monumento conmemorativo en el campo de Treblinka.

jar en una fábrica de municiones. Allí tenía que permanecer ocho o diez horas haciendo las municiones, las cuales muchas de ellas serían para nosotros mismos. Nos daban de comer tan solo una vez al día: un poquito de col con zanahoria y remolacha dentro de un plato de agua con un pedazo pequeño de pan negro. Las mentes estaban tan entorpecidas por el hambre que podíamos hasta robarnos unos a otros el pan que nos daban. Pesábamos alrededor de veintiocho o veintinueve kilos cada uno.

Luego, al empezar los ataques de los aliados, los alemanes nos sacaron para llevarnos hasta un campo de trabajo en Checoslovaquia. Éramos tan solo cinco. Fue una larga odisea porque, al pasar de una estación a otra, se escuchaban los bombardeos día y noche. Ahí la situación no fue del todo mejor porque estaban siempre con el palo; nos pegaban, nosotros teníamos que agacharnos y a veces con sangre volvíamos al pajar donde dormíamos. Luego, a las cuatro de la mañana nos llamaban nuevamente para salir a trabajar. Parecía que nunca iba a acabar toda esa pesadilla, que no teníamos más solución, que finalmente terminaríamos muriendo allí. Pero al fin, la guerra terminó y llegaron los rusos a liberarnos».

Sobrevivir al gueto

La escritora y traductora Janina Dawidowicz es una de las pocas supervivientes del gueto de Varsovia. Nació en 1930 y adquirió cierta notoriedad internacional años después, en 1964, gracias a la publicación de su libro *A Square of Sky*, una autobiografía escrita bajo el pseudónimo de Janina David. Janina recordaba en una entrevista que concedió a la periodista Monica Whitlock de la BBC en el año 2012, «los carteles en los que se ordenaba a los residentes que estuvieran en la Umschlagplatz a las once de la mañana. Cualquiera que desobedeciera, sería disparado. Mucha gente hizo fila voluntariamente. Los alemanes dijeron a los habitantes del gueto que los mandaban a campos de trabajo en el este de Polonia, donde podrían huir de la miseria. Es más, les contaban que allí habría comida gratis. A la gente le ofrecían, creo, dos rebanadas de pan, algo de margarina o un poco de azúcar si acudían a Umschlagplatz. Nadie podía imaginar que iba directo a una cámara de gas [...]. Los siguientes fueron nuestros caseros. Se llevaron todos los cacharros de la cocina, cacerolas y sartenes, grandes paquetes hechos con una sábana, apenas podían caminar. Pero se fueron. Se despidieron con la mano y prometieron escribir cuando llegaran al este». Janina recordaba también que pronto el gueto se llenó de judíos procedentes de otras partes de Polonia e incluso de otros países ocupados por los alemanes, como Hungría.

Janina Dawidowicz vivió una niñez feliz antes de su llegada al gueto. Procedía de una familia acomodada de la ciudad de Kalisz, cercana a la frontera con Alemania. «Yo era una hija única muy bien cuidada por su niñera —terriblemente bien criada— ¡con guantes blancos para jugar en el parque! Mi madre había ido a la escuela en Zurich, Suiza, y no sabía ni hervir un huevo cuando estalló la guerra». De las máximas comodidades pasaron a hallarse en una habitación minúscula en el gueto donde malvivían, dormían y cocinaban lo que podían, habitualmente pan mezclado con serrín y patatas. La situación era terrible. Rosa, prima de Janina, tenía un niño pequeño que fue muriendo lentamente de hambre. Esto era desgraciadamente bastante habitual y para evitarlo, los propios judíos se esforzaron por tener en funcionamiento cocinas comunitarias para atender a la población más necesitada, también a los niños huérfanos que perdían a sus padres, sobre todo por el hambre y por las enfermedades que asolaban el gueto pues las condiciones de salubridad eran extremadamente precarias. También se organizaron, por supuesto clandestinamente, clases para la formación de los niños del gueto. El riesgo de esta actividad era muy grande ya que si los alemanes la descubrían ejecutaban de inmediato tanto a los profesores como a los alumnos. Asimismo se desarrolló una cierta actividad cultural con conferencias, conciertos, espectáculos teatrales, etcétera. El padre de Janina, Marek, intentaba lo imposible por conseguir dinero y obtuvo un puesto de trabajo en el servicio de ley y orden judío, la policía judía del gueto. Una de las funciones de Marek era escoltar los carros llenos de basura hasta el exterior del gueto y gracias a ello podía introducir clandestinamente algo de comida. La familia de Janina no se acostumbraba a la nueva situación y a este respecto ella recordaba: «Mi madre, mi abuela, decían: *Oh, necesitamos nuevas cortinas en la sala de estar. ¡Las alfombras! Haremos que Sophie y Stephanie nos echen una mano*. Nadie creía que esto continuaría. Francia había caído, pero estaba Inglaterra, y la Unión Soviética, y los Estados Unidos… había todo un mundo. Por supuesto que iba a terminar». Pero luego llegaron los traslados a los campos de exterminio y las ejecuciones masivas. El gueto se iba vaciando tanto por los que eran llevados a los campos como por los que morían sin parar. «Todo nuestro edificio de apartamentos —recordaba— estaba vacío. El padre de los gemelos que vivía sobre nosotros se lanzó por la ventana cuando llegó a casa y no encontró a los niños».

Lo que sucedió después, lo explicaba así Monica Whitlock: «En las últimas semanas del gueto, en el invierno de 1942, los padres de Janina consiguieron sacar a la niña hasta la Varsovia cristiana. Dado que su padre tenía papeles de policía, le fue permitido escoltar camiones a través de las puertas, y la llevó con él. En Varsovia la escondieron unas monjas católicas, que le cambiaron el nombre y ocultaron su identidad. Sus padres quedaron atrás. No volvió a verlos nunca. Janina cree que su padre murió en el campo de exterminio de Majdanek. No sabe cómo o dónde mataron a su madre. Finalizada la guerra, Janina encontró a un tío. Regresó a Kalisz, con la esperanza de reencontrar a alguien más. Esperó más de un año antes de rendirse. Después de pasar dos años en una institución infantil, Janina se fue en un barco lleno de emigrantes para comenzar una nueva vida en Melbourne, Australia, donde consiguió un trabajo en una fábrica. En Australia consiguió finalmente retomar su educación y se diplomó como trabajadora social».

Pero Janina deseaba volver a Europa y en 1958 se estableció en Londres, ciudad en la que empezó a escribir sus experiencias y sus recuerdos. Creía que de ese modo encontraría un sentido a la vida.

Un buen recuerdo del gueto

Charlene Schiff había nacido en la pequeña localidad polaca de Horochow en 1929. Sus padres eran personajes notables de la comunidad judía local, conocidos y respetados por todos. El padre, además, era profesor de filosofía en la universidad de Lvov. Al iniciarse la Segunda Guerra Mundial con la invasión alemana de Polonia el 1 de septiembre de 1939, Horochow, que quedaba en la parte oriental de Polonia, se salvó de la ocupación alemana aunque no de la soviética pues así quedó establecido en el pacto entre alemanes y soviéticos firmado en agosto de aquel mismo año. Para una familia como la de Charlene, era preferible estar en la zona soviética que en la alemana y la vida parecía desarrollarse con cierta normalidad, incluso el padre podía seguir dando clases. Pero todo cambió radicalmente en junio de 1941 cuando los alemanes invadieron la Unión Soviética, hecho que supuso que estos llegaran también a Horochow. El padre de Charlene fue detenido y la familia nunca volvió a saber nada de él. Charlene, su madre y su hermana fueron llevadas a un gueto que los alemanes habían creado en Horochow. Huyeron de allí al saber que los alemanes pensaban destruir el gueto. Charlene huyó con su madre por un lado y la hermana por otro, pero de esta nunca volvió a saberse nada. Charlene y su madre se escondieron entre el follaje cerca del río. A veces, cuando parecía que iban a ser descubiertas, llegaron a sumergirse en el agua. Cierto día Charlene se despertó y se percató de que su madre había desaparecido. Intentó conservar la calma y logró sobrevivir allí hasta que las tropas soviéticas liberaron la zona.

En 1993 explicó en el curso de una entrevista una experiencia gratificante, aunque desgraciadamente breve, en el gueto de Horochow: «Al comienzo, mi madre y otras mujeres organizaron una escuela clandestina para los niños que eran demasiado pequeños para trabajar, y era maravilloso, porque teníamos algo que nos daba esperanzas. Nos hizo olvidar el hambre y las insuficiencias de la vida en condiciones tan primitivas, y la escuela existió durante varios meses. Varias de las señoras, incluida mi madre, hacían trueque en el exterior y volvían con lápices de cera, papel para escribir, algunos libros, y nos contaban historias, cantábamos y dibujábamos, y era algo que nos daba esperanzas. Fue una pena que no durara. Solo funcionó durante unos meses. Al poco tiempo las joyas o el dinero no eran suficientes como para hacer trueques. No teníamos más útiles escolares, y el estado de ánimo decayó en el gueto. Las mujeres volvían a casa, y estaban tan cansadas y hambrientas, tan vapuleadas, que ya no tenían fuerzas para ir y simular que estaban alegres para nosotros. Así que eso también quedó en la nada».

En el curso de la misma entrevista recordaba cómo sobrevivió durante el tiempo que pasó en los bosques cercanos a Horochow: «Cómo sobreviví en el bosque, o mejor dicho, en plural, en los bosques. No lo sé, pero fue sorprendente, porque cuando uno tiene hambre y está completamente desmoralizado se vuelve ingenioso. Cada vez que lo cuento no puedo creerlo. Comía gusanos. Comía bichos. Comía cualquier cosa que pudiera llevarme a la boca. Y a veces me enfermaba. Una vez comí unos hongos silvestres, y estoy segura de que eran venenosos. Me sentía mal.

Imagen del gueto de Horochow.

Mi estómago era un desastre, pero aun así los comía, porque necesitaba masticar algo. Tomaba agua de los charcos. Nieve. Cualquier cosa que pudiera encontrar. Algunas veces me escabullía en los sótanos donde los granjeros almacenaban las patatas, alrededor de las villas, y ese era un buen escondite porque estaba más caliente durante el invierno. Pero también había roedores allí. Y sí, también comía ratas, crudas. Al parecer, tanto quería sobrevivir que hice cosas indescriptibles. Comí cosas que nadie se atrevería a comer. De alguna manera, sobreviví. No sé por qué. Sigo preguntándomelo. Pero lo logré».

Resistencia espiritual

Las historias de la resistencia lo largo de la Segunda Guerra Mundial nos ilustran acerca de diversos tipos de resistencia. Una de ellas, la resistencia que podríamos llamar espiritual, halló en la figura de Regina Jonás a una de sus más destacadas y tenaces representantes.

Regina Jonás nació el 3 de agosto de 1902 en Berlín. Su familia procedía de Europa oriental y se había establecido en Alemania a finales del siglo xix. El padre, Wolf, era un comerciante que murió de tuberculosis en 1913 y dejó a su esposa Sara con dos niños: Abraham de treces años de edad y Regina de once. El entorno de Regina en el humilde barrio berlinés en que creció, Scheunenviertel —que significa barrio de los establos—, era mayoritariamente judío, algo que la influyó de por vida. Scheunenviertel fue creado extramuros en 1670 con el fin de albergar pajares y otros almacenes de productos inflamables. Durante cierto tiempo su nombre estuvo ligado a la marginalidad y a la prostitución y era allí donde solían instalarse los emigrantes recién llegados. Era un barrio pobre e inseguro pero después fue un lugar de gran actividad artística y precisamente la afluencia de creadores posibilitó una importante trasformación. Fue a principios de siglo xx cuando empezó a ser poblado por judíos procedentes de Europa oriental, como la familia de Regina Jonás.

Atraída por las palabras del rabino Max Weil, Regina empezó a frecuentar la sinagoga ortodoxa del barrio. Weil la animó a estudiar y gracias a su apoyo y protección pudo asistir a seminarios de rabinos en el Instituto Superior de Estudios Judaicos, una institución fundada en 1896 que gozaba de un gran prestigio y al que llegaban un gran número de estudiantes, algunos incluso no judíos. Los nazis destruyeron la institución en 1942. Doce años antes de este triste hecho, Regina obtuvo allí su diploma de profesora de religión, el cual la acreditaba para dar clases de lengua y religión hebrea en los colegios de la comunidad judía. Pero ello no se conformaba con dar clases, su deseo era ser rabino. Con el fin de conseguir su inusual propósito escribió una tesis titulada *¿Puede una mujer ser rabino según la ley judía?* En la que aludía a textos bíblicos y del Talmud. La pregunta que planteaba el trabajo de Regina tenía, por supuesto, una respuesta afirmativa a la luz de sus investigaciones aunque la comunidad judía de Alemania rechazó el trabajo y la argumentación. Tenaz y decidida, Regina consiguió que el rabino liberal Max Dienemann la ordenara. Sucedió en 1935, en la ciudad de Offenbach, en el estado de Hesse y finalmente se impuso en la comunidad, incluso entre los ortodo-

Regina Jonás.

xos que habían rechazado su trabajo y la sola idea de ordenar a una mujer rabino.

Regina trabajó en diversas instituciones sociales judías, como hospitales y hogares para ancianos, aunque seguía empeñada en ser rabino con todas las de la ley; es decir, quería un púlpito, un puesto de responsabilidad en alguna sinagoga. La grave coyuntura en Alemania hizo posible que su deseo se convirtiera en realidad. Ante la llegada al poder de los nazis, muchos rabinos emigraron y Regina pudo predicar en la sinagoga con el permiso de los representantes de la comunidad judía. En 1942 fue arrestada por la Gestapo y fue deportada al campo de Terezin, actualmente en la república checa, y entonces parte de Alemania con el nombre de Theresienstadt. Allí desarrolló lo que podríamos definir como resistencia espiritual. Siempre tenía una palabra para cualquiera y siempre estaba dispuesta a escuchar y dar apoyo en unas circunstancias tan difíciles, así como a dar conferencias sobre temas bíblicos. El reconocido psiquiatra Viktor Frankl le pidió ayuda para constituir un comité de crisis a fin de aumentar las posibilidades de supervivencia en el campo. Una de sus actividades era recibir a la gente que llegaba en tren a la estación y ayudar a los que sufrían por el shock y por la desorientación. Tras dos años de labor fue trasladada a Auschwitz donde fue asesinada. Viktor Frankl, que también fue trasladado a Auschwitz y después a Kaufering y Türkheim, sobrevivió. Terminada la guerra volvió a su Viena natal. En 1945 escribió *El hombre en busca de sentido*, reflexión desde su actividad como psiquiatra de su experiencia como prisionero en un campo de concentración. Frankl llegó a la conclusión en esta obra que siempre hay una razón para vivir, incluso en las condiciones más extremas de sufrimiento en un entorno tan deshumanizado como un campo de concentración. En su trabajo, Frankl concedió gran importancia a la dimensión espiritual del ser humano.

Años después, en 1989, cuando el muro de Berlín ya era historia y cuando Alemania vivía los primeros pasos de su reunificación, diversos investigadores occidentales se adentraron en los territorios orientales que conformaban la antigua república democrática alemana a fin de encontrar archivos y documentos de valor histórico. Tras sesenta años de silencio sobre ella, Regina volvió a estar de actualidad. Su desafío a los rabinos más ortodoxos en particular y a la comunidad judía en general no solo pudo ser reconstruido para conseguir así trazar un perfil de la

Cementerio judío en Terezin.

personalidad de esta mujer excepcional sino también se pudo divulgar su pensamiento. Fueron hallados artículos que publicó en diversos periódicos y revistas y los textos de algunas de sus conferencias.

«Si confieso las razones que me han motivado a ser rabina —escribió en 1938— dos cosas me vienen a la mente. Mi fe en la llamada de Dios y mi amor por las personas. Dios plantó en nuestro corazón ciertas habilidades y una vocación sin preguntar por el género, por eso tanto hombres como mujeres debemos trabajar y crear según las talentos otorgados por Dios».

La fuga de Sobibor

La resistencia, fuera cual fuese su campo de acción y sus métodos, se caracterizó en la Segunda Guerra Mundial por suponer una oposición activa al totalitarismo en general y al nazismo en particular. En la mayoría de las zonas ocupadas tenía un inequívoco componente nacionalista y bastaría el ejemplo francés para dar cuenta de ello. Hubo algún caso, como el griego, que, sin dejar de tener un acusado perfil nacionalista, la resistencia surgió como respuesta a una situación injusta que impedía el abastecimiento normal de lo más básico para la subsistencia que llegó a provocar un gran número de muertos por hambre.

El caso de la resistencia judía adoptó distintas formas y, por lo tanto, distintos métodos, dependiendo de en qué medio se desarrollaban las acciones. En todo caso, ante un calculado plan de exterminio de todo un pueblo que llevó a un proceso de deshumanización vergonzoso, las respuestas de las víctimas no se hicieron esperar. También hubo acciones de resistencia de grupos judíos que fueron la respuesta al asesinato de otros miembros de la comunidad; es decir, motivadas por la venganza.

La rebelión del gueto de Varsovia fue una muestra casi insólita de respuesta armada organizada, aunque ciertamente desigual y condenada al fracaso. Pero se imponía una acción contundente ante los desmanes que se producían. Asimismo, hubo grupos de judíos partisanos, integrados o no a otros grupos de resistencia. En ocasiones, su función, más que atacar a los nazis era defender a pequeñas comunidades de estos. En Francia existía desde 1942 un ejército judío, clandestino, por supuesto, que formaba parte de la resistencia organizada en el país. Al igual que otros grupos de la resistencia francesa se dedicaba principalmente al sabotaje como ayuda a las acciones de los aliados, aunque también participaron activamente en actos de venganza.

Otro tipo de resistencia de gran importancia fue la que representaba una lucha por la propia dignidad personal y como pueblo. El escritor italiano Primo Levi, que sufrió el internamiento en Auschwitz y lo narró en su admirable *Trilogía de Auschwitz*, se refirió así al respecto: «En realidad, hasta el cuidado por la limpieza del ser humano en un lugar como Auschwitz era en cierto modo el cuidado de la dignidad y el espíritu humanos, y muchas veces eso ayudaba al cuidado de la voluntad de vivir de los prisioneros del campo, lo cual era de máxima importancia para su supervivencia». Los judíos intentaron conservar además una actividad cultural al tiempo que, y a pesar de las prohibiciones, procuraban conti-

Acceso al campo de concentración de Sobibor.

nuar con sus prácticas religiosas, algo que unía fuertemente a los miembros de las comunidades.

Hubo un hecho el 25 de octubre de 1941 que por sí solo explica el clima de tensión y terror que reinaba entre los judíos y que provocó una acción por su parte realmente desesperada. Sucedió en las aldeas de Starodubsk y Tatarsk, en la región rusa de Smolensk, cuando los alemanes empezaron a levantar las paredes de un gueto. Sus habitantes se opusieron con armas pero las dos aldeas quedaron devastadas y no quedaron supervivientes entre ellos. Lo más significativo —y terrible— es que conocemos este hecho solamente gracias a los documentos nazis que hablan de ello.

Un caso muy especial de resistencia judía se desarrolló en los campos de concentración y de exterminio. Allí, cualquier acción de protesta, por tenue que fuera, o incluso simplemente el no obedecer una orden de inmediato o realizar cualquier incumplimiento, tenía una respuesta de una violencia desproporcionada. Si preparar la resistencia y armarse para llevar acciones de sabotaje o contra el enemigo eran difíciles en cualquier circunstancia bajo el dominio nazi, hacerlo en los guetos parecía imposible pero en los campos de concentración ya parecía una quimera. Ahora bien, hubo resistencia, incluso armada en los campos a pesar de una vigilancia prácticamente continua en un territorio muy delimitado. Además, el pánico ante la respuesta de los soldados alemanes paralizaba a los hipotéticos resistentes, pero aún así, los hubo. Esto dice mucho a favor de su valentía y resolución dado que entre los nazis existía el concepto de responsabilidad colectiva ante cualquier acción de los judíos. Ello implicaba que todos eran corresponsables de la más mínima falta y, por lo tanto, era frecuente que fueran asesinados no solo los prisioneros implicados en determinada acción sino también otros, a menudo elegidos al azar para suscitar más temor. Tampoco fueron un obstáculo para la resistencia las durísimas condiciones en que se encontraban los prisioneros, con hambre y enfermedades y, por ello, muy débiles. Una rebelión en Birkenau terminó con el asesinato de todos los sublevados aunque en el caso de Sobibor, al igual que sucedió en Treblinka, en medio de los enfrentamientos entre nazis y judíos, hubo algunos prisioneros que pudieron escapar aprovechando la confusión.

La revuelta en Sobibor, actualmente en territorio polaco, cerca de la ciudad de Lublin, estalló el 14 de octubre de 1943. Los sublevados tenían un plan preciso. Uno de los amotinados, Stanislaw *Shlomo* Szmajzner, debía infiltrarse en la armería de las SS y así lo hizo. Allí robó algunas armas más, no muchas. Se unió a sus compañeros e hicieron entrar a algunos miembros de las SS en una de las dependencias del campo que conocían perfectamente. Allí los mataron a golpes de hacha en la cabeza y les robaron sus armas. Después, cuando se ordenó a todos los prisioneros del campo que se pusieran en fila, Alexander Pechersky gritó animando a la rebelión. No había marcha atrás; o liberarse o morir. Los sublevados disponían de herramientas para cortar las alambradas de espino que rodeaban el campo pero ante la presión de los prisioneros por salir estas cedieron cuando cayó la puerta. Mientras tanto, Karl Frenzel disparaba su ametralladora fija. Unos cuatrocientos prisioneros pudieron salir pero llegó después la lucha a campo abierto. La mayor parte de prisioneros murió, bien en los enfrentamientos, abatidos por la ametralladora o por la acción de los demás soldados y guardianes, al pisar las minas colocadas en el perímetro del campo, o en las persecuciones fuera del recinto de Sobibor, pero algunas decenas de prisioneros lograron escapar y se unieron a los partisanos judíos que actuaban en la zona. Fue la mayor fuga de prisioneros que se produjo durante la Segunda Guerra Mundial en un lugar controlado por los nazis.

El campo se había creado algo más de un año antes, en marzo de 1942, como parte de la llamada operación Reinhard, que no era más que el plan nazi para asesinar a los judíos polacos. Muchos de los presos que llegaban al campo eran llevados a cámaras de gas engañados ya que les decían que allí iban a ser desinfectados. En realidad, fueron asesinados. Sin duda, la inminencia del asesinato de los demás prisioneros debió ser fundamental para idear un plan de fuga lo antes posible. Esta, organizada por un judío polaco, Leon Feldhendler, y un prisionero de guerra ruso, Alexander Pechersky, y secundada por todos los prisioneros, supuso el fin del campo. Por orden directa de Heinrich Himmler debía pasar a ser un campo de exterminio a un campo de concentración pero finalmente, al cabo de muy poco tiempo tras la sublevación, fue destruido. A finales de aquel mismo año no quedaba de él ni rastro. Era un campo de cultivo. En el año y medio de actividad de Sobibor murieron alrededor de doscientas sesenta mil personas.

No quisiéramos terminar esta brevísima crónica sobre lo sucedido en Sobibor sin referirnos a un siniestro personaje cuyo nombre se ha

colado en nuestro relato, Karl Frenzel, el comandante del campo I de
Sobibor, el campo de trabajos forzados, que, ante la revuelta, empezó a
disparar una ametralladora fija a diestro y siniestro. Frenzel había llegado al campo con la orden de supervisar su actividad pero al llegar
supo que en realidad era un campo de exterminio. No debía comentar
lo que allí sucedía con nadie bajo pena de muerte o internamiento en
un campo de concentración. El sargento del campo era Gustav Wagner
y cuando este se ausentaba, Frenzel era el encargado de seleccionar a
los prisioneros que iban llegando: unos a la cámara de gas, la mayoría,
y otros a trabajos forzados. Solía andar por el campo con un látigo, que
empleaba a su antojo. Uno de los comandantes del campo III llegó a
decir que Franzel «fue uno de los miembros más brutales del equipo
permanente» de Sobibor. Otro testimonio del sadismo de Frenzel nos
llega del libro *The Good Old Days: The Holocaust as Seen by Its Perpe-
trators and Bystanders* de Ernst Klee, Willi Dressen y Volker Ries en el
que se recuerda un hecho de la primera de 1943, cuando un prisionero
intentó suicidarse sin éxito y Frenzel lo encontró agonizando. Frenzel
dijo a los que allí se hallaban que «los judíos no tenían el derecho de
matarse a sí mismos, solo los alemanes tenían el derecho de matar».
Frenzel azotó al hombre agonizante y lo remató con una bala. Por
aquellos días de primavera, Frenzel se dirigió a los prisioneros para
decirles que dos judíos de Chelm —la ciudad de donde procedían la
mayoría de los prisioneros de Sobibor— habían escapado y que a causa
de ello cada décimo prisionero contado al comprobar la asistencia por
la mañana sería ejecutado en inmediato. Así lo hizo. Veinte fueron asesinados. Frenzel dijo años después, que «bajo las condiciones bélicas
predominantes, que son ahora difíciles de comprender, creía desafortu-
nadamente que lo que sucedía en Sobibor era legal. Muy a mi pesar,
estaba entonces convencido de su necesidad. Me sorprendió que justa-
mente durante la guerra, cuando quería servir a mi patria, debía estar
en un campo de exterminio tan terrible. Pero luego pensé muy a menudo en los pilotos bombarderos enemigos, a quienes seguramente no les
preguntaron si querían llevar cabo sus vuelos asesinos contra el pueblo
alemán en sus casas de aquel modo».

La llegada a Sobibor

Ahora que nos hemos referido a la fuga de Sobibor, recogemos el testimonio de un superviviente de ese mismo campo, el polaco Chaim Engel, nacido en 1916. Chaim fue el único miembro de su familia que salió con vida de Sobibor pues toda fue asesinada en el campo. Participó en el levantamiento de Sobibor y pudo escapar con su novia, con la que tiempo después se casó. Ambos salvaron la vida gracias a la ayuda de un granjero que los escondió hasta la liberación por parte del ejército soviético en 1944.

«Llegamos a Sobibor. Entonces, yo estaba con mi hermano y un amigo. Y nos reunimos con el resto de la gente, que éramos unas setecientas u ochocientas personas. Nos sacaron de los trenes, nos pusieron en dos filas y comenzaron a seleccionar gente. Yo no sabía qué significaba la selección, entonces un alemán me preguntó: «¿De dónde eres?». Dije: «De Lodz. ¡Fuera!». Y luego fueron más lejos. «¿Qué eres? Carpintero. ¡Fuera!». Cosas así, entonces eligieron a unas dieciocho o veinte personas. Bueno, en Polonia nosotros nos habíamos enterado de que esas cosas les ocurrían a los judíos. Mataban judíos y los asesinaban con gas y cosas por el estilo. Pero en realidad, como éramos jóvenes, no creíamos que algo así fuera posible. Pensábamos que quizá la gente más joven iba a ser llevada a trabajar... quizá solo le pasaba a los más viejos. Simplemente, nos negábamos a creer, porque era tan incomprensible, tan increíble que algo así pudiera pasar que... aunque uno fuera inteligente no lo creía. Entonces, cuando nos eligieron en el campo, yo realmente no sabía qué significaba, si vivir o morir, entonces nos llevaron a las veinte personas a un costado y los otros fueron al campo, a las cámaras de gas, lo que descubrimos más tarde. Entonces trabajamos allí. Por la tarde, nos llevaban con todas las demás personas a separar ropa. Ese comenzó siendo nuestro trabajo y yo empecé a separar mi ropa que era la ropa de la gente que acababa de llegar en el mismo transporte que nosotros. Y mientras hacía eso encontré la ropa de mi hermano, las fotos de la familia; yo ya sabía, ya me habían dicho lo que ocurría, ya sabía lo que había ocurrido que él había ido a la cámara de gas con mi amigo y yo estaba ahí separando su ropa».

Yo estuve allí y lo vi

Marie-Claude Vogel nació en París el 3 de noviembre de 1912 en el seno de una familia protestante que apoyó al capitán Dreyfus en el célebre «asunto» que lleva el nombre de este militar y que es uno de los muchísimos ejemplos del antisemitismo enquistado durante siglos en el alma europea. Vogel se comprometió activamente con la izquierda desde muy joven; primero con los socialistas y después, con su adhesión a la tercera internacional, devino comunista. Decía, al hablar de su militancia comunista que «es la conciencia de no haber realizado otro esfuerzo más que el de nacer lo que me dio una cierta conciencia de clase».

Se casó en 1937 con Paul Vaillante-Couturier —de quien tomó los apellidos y con el que compartía ideas progresistas—, que era redactor en jefe de *L'humanité*. Paul es recordado en Francia por una esperanzadora y poética convicción: «¡Construiremos un mañana que cante!». Ella ya hacía tiempo que militaba en la Asociación de artistas revolucionarios y en el Partido Comunista. Se abría para los dos un futuro de lucha por una sociedad mejor desde el activismo cultural. Pero tan solo diez días después de contraer matrimonio, Paul murió. Marie-Claude empezó entonces a trabajar en *L'humanité* como reportera. Al cabo de un año marchó a la Unión Soviética y allí pasó seis meses. De vuelta fue nombrada responsable del servicio fotográfico del periódico. En 1939 conoció a Roger Ginsburger, conocido como Pierre Villon, arquitecto y, como ella, comunista, con quien pasaría el resto de su vida. En septiembre de aquel mismo año, *L'humanité* fue prohibido y el Partido Comunista fue disuelto. Marie-Claude y Villon se integraron entonces en la resistencia donde él fue responsable del comité de acción militar. Ella dirigía las ediciones clandestinas del Partido Comunista. Ambos estuvieron activamente en la resistencia desde el primer momento.

Cierto día Marie-Claude fue convocada a una reunión en un apartamento de París. Era una trampa. La policía colaboracionista la prendió junto a otros compañeros que allí se hallaban, los cuales poco después fueron fusilados por los nazis. Marie-Claude se hizo pasar por amnésica. No recordaba nada ni a nadie, ni tan solo su nombre; por cierto, llevaba una documentación falsa. La policía hizo que se repartieran fotos de ella por la ciudad para encontrar a alguien que dijera quién era. Nadie dijo nada. Entre tanto, Villon fue detenido pero logró escapar. Marie-Claude se libró del pelotón de ejecución pero fue enviada al campo de concentración de Birkenau, que formaba parte del siniestro complejo de Auschwitz, y después al de Ravensbrück.

Cuando declaró ante el tribunal internacional de Nuremberg en 1945 como testigo de lo acontecido en los campos de concentración su testimonio dejó honda huella entre los que allí estaban. Así contó lo que vio: «En general, de un transporte de mil a mil quinientas personas, unas doscientas cincuenta llegaban al campo, y esto era lo máximo; enviaban a los demás directamente a las cámaras de gas. En la selección, escogían a las mujeres sanas de entre veinte y treinta años de edad, y las enviaban al *bloque de experimentación*. Enviaron al campo a las muchachas y las mujeres de un poco más de edad o que no habían sido escogidas para este propósito, y como a nosotras, les raparon la cabeza y las numeraron con tatuaje. En la primavera de 1944, también existió un bloque para mellizos. Era en la época de los enormes trasportes de judíos húngaros que totalizaron unas setecientas mil personas. El doctor Mengele, que realizaba los experimentos, interceptaba a los niños mellizos de todos los transportes, así como a los mellizos de cualquier edad, con tal de que ambos mellizos se encontraran juntos. En ese bloque, tanto los niños como los adultos dormían en el suelo. Además de los análisis de sangre y las medidas, no sé cuáles fueron los experimentos que se hicieron [...].

»Veíamos cómo abrían los vagones y cómo los soldados arrastraban afuera de los camiones a las mujeres, a los hombres y a los niños. Cuando

Zona del campo de mujeres en el antiguo campo
de concentración de Ravensbrück.

separaban a las parejas de ancianos presenciábamos las escenas más terribles. Las madres debían abandonar a sus hijas porque estas eran llevadas a los campos, mientras las madres y los niños iban a las cámaras de gas. Entre toda esa gente, no había nadie que supiera cuál era el destino que le esperaba. Solo parecían trastornados porque los habían separado unos de otros, pero no sabían que estaban dirigiéndose hacia la muerte [...]. A los que llevaban a las cámaras de gas [...] los llevaban a un edificio de ladrillos rojos con un cartel que indicaba *baños*. Allí, les ordenaban desnudarse y les daban una toalla antes de llevarlos a la denominada sala de ducha. Más tarde, en la época de los grandes transportes de Hungría, no les dejaban ningún tiempo para que pudieran desnudarse. Les arrancaban sus ropas con brutalidad. Conozco estos detalles por una joven judía de Francia [...] *la pequeña Marie* [que] era la única sobreviviente de una familia de nueve personas. En cuanto llegaron, su madre y sus siete hermanos y hermanas fueron llevados a las cámaras de gas. Cuando la conocí, se encargaba de desnudar a los niños pequeños antes de enviarlos a la cámara de gas.

»Después de que las personas fueran desnudadas, las llevaban a un cuarto que parecía una sala de ducha, y por un agujero del techo, arrojaban las cápsulas de gas dentro del cuarto. Un guardia de las SS observaba los efectos a través de una mirilla. Después de unos cinco o siete minutos, cuando el gas ya había hecho su efecto, daba una señal para que abrieran las puertas. Hombres con máscaras de gas —que también eran prisioneros— entraban y sacaban los cuerpos. Nos decían que antes de morir los prisioneros probablemente habían sufrido, porque se habían aferrado juntos, en grupos, formando como racimos, de tal modo que resultaba difícil separarlos [...]».

Marie-Claude, acerca de su declaración ante el tribunal de Nuremberg, dijo tiempo después que «al explicar los sufrimientos de aquellos que ya no pueden hablar, tenía el sentimiento de que, por mi boca, los que habían sido torturados y exterminado acusaban a sus verdugos». Siempre estuvo activa hasta su muerte en 1996 como conciencia y memoria de una realidad que no debería repetirse: «Queremos que nuestros recuerdos sean preservados como lo que son, una señal, un grito de alarma, pero también porque son un grito de esperanza a las generaciones venideras».

Allí vivir era resistir, pues se entraba para morir

La comunista catalana Neus Català i Pallejà, activa colaboradora de la resistencia en Francia durante la ocupación nazi, pronunció un discurso que merece ser reproducido ya que explica en primera persona sus vivencias en Ravensbrück en el marco de la celebración de la fundación de la Amical de Ravensbrück de España. Sus recuerdos son los de alguien que conoció una realidad terrible en primera mano, pero también de alguien que vio allí esperanza gracias al espíritu de resistencia de quienes allí se hallaban.

«Uno de los motivos principales de fundar la Amical de Ravensbrück parte del juramento que hicimos, en el momento de la liberación, todas las deportadas y deportados de que, mientras viviéramos, explicaríamos lo que habíamos visto y sufrido. Son las mismas razones que nos llevaron a defender la República, hacer la Resistencia en Francia y a luchar contra el fascismo: el amor a la paz, la libertad, la tolerancia y la justicia social. En segundo lugar, si no el primero, es que en todos los países de Europa donde hubieron deportadas han tenido su propio Amical. En España, nuestra representación, hasta el año 2005, se incluía en el Amical de Mauthausen, de la que fui cofundadora en 1963, aunque nuestro país ha estado siempre representado en el Comité Internacional de Ravensbrück a través de una delegación española, siendo uno de los países fundadores del mismo entre los años 1963 y 1965.

Ravensbrück fue un lugar donde, en medio de la gran tragedia, quedó patente la fuerza invencible de los débiles. Fue el más terrible campo de concentración diseñado para mujeres y criaturas y al que fueron a parar algunos hombres. En sus años de existencia estuvieron recluidas unas ciento treinta y tres mil personas de alrededor de cuarenta naciones. Los SS idearon todo tipo de refinadas maneras de asesinar. Miles de mujeres murieron en las cámaras de gas, centenares fusiladas y varios millares fueron exterminadas por el hambre y las epidemias. Otras perdieron la vida a consecuencia de los experimentos médicos realizados por médicos de las SS, como fue el caso de las jóvenes polacas, denominadas *conejillas de indias*. Debemos citar el caso de Alfonsina Bueno, de Berga, que murió 39 años después de la liberación, padeciendo todavía, las consecuencias de estos experimentos del doctor Karl Gebhardt, el mismo que simultaneaba la presidencia de la Cruz Roja alemana. En

Ravensbrück se moría de mil maneras: ahogas en las letrinas, a bastonazos o quemadas vivas en el horno crematorio como el caso de la joven madre Sofía Liman. Algunas, vencidas por el sufrimiento, morían electrocutadas lanzándose contra las alambradas eléctricas. Más de noventa y dos mil de aquellas personas encontraron allí la muerte más atroz. Pese a ello, las mujeres no perdieron nunca su espíritu de resistencia. La solidaridad y la cultura fueron nuestras principales armas. El deseo de vivir era también un acto de resistencia contra los nazis pues allí, se entraba para morir. Consecuentemente, las mujeres continuaron su lucha saboteando la macroestructura económica, militar y civil a la que estaban sometidas, siempre vigiladas y con el peligro de ser masacradas. Aprovechándose de esta mano de obra barata y siempre renovable, los SS, junto con las grandes firmas Krupp, Thyssen, Siemens, Mercedes Benz y I. G. Farben, entre otras, hicieron grandes fortunas. Esta última, I. G. Farben, además era la que suministraba el gas cyclon 3 para las cámaras de gas. El campo de Ravensbrück formó parte del denominado *Triángulo de la muerte* del länd de Branderburg: Oranienburg-Sachsenhausen-Ravensbrück.

Las españolas de Ravensbrück eran mujeres que habían luchado cuando la República española fue atacada por el fascismo, tuvieron un gran peso en la producción y el mantenimiento de un estado democrático, en la cuestión social, educativa, asistencial y política. Una vez perdida la guerra, muchas de ellas se refugiaron en Francia y, en condiciones adversas continuaron alertas y solidarias en los campos de concentra-

Presas marcadas con una X en la espalda a su llegada a Ravensbrück
en abril de 1945.

ción franceses y en los mal denominados refugios. Estas mujeres encontraron apoyo en mujeres y hombres de la antigua emigración económica que ayudó en la organización clandestina de la resistencia de los españoles republicanos en Francia. Si en toda la zona de los Pirineos hubo un gran ejército de sesenta mil hombres y mujeres, *las guerrillas españolas*, en todos los departamentos de Francia hubo grupos resistentes de españoles y españolas. Las mujeres constituyeron una gran red de transmisiones, de suministro y de transportes de armas de los maquis de montaña y ciudad, haciendo sobre todo el duro y peligro papel de enlace. Fueron también las encargadas de encontrar el contacto entre los familiares refugiados en Francia y las familias de España.

El comandante Sevilla, militar de carrera y comandante de las guerrillas españolas, muy viejo ya y con lágrimas en los ojos, nos dijo que «cuando se hablara de las mujeres españolas en la resistencia no se habría de contar por centenares sino por millares, sin las cuales, nosotros, no habríamos podido llevar a término muchos de nuestros combates». El comandante Rubio, homologado en el ejercito francés, testimonió también el gran papel llevado a cabo por las mujeres, y el Comandante Oria, homologado también, testimonió que la resistencia española comenzó allí donde había grupos de mujeres.

Cerca de sesenta mil mujeres y hombres españoles dieron su vida por Francia. De los poquísimos monumentos dedicados a ellos, solo podría citar en primer lugar que se encuentra al pie del altiplano de Glières, del escultor repudiado Baltasar Lobo, otro dedicado a la retirada que se encuentra en el paso fronterizo de La Vajol, y por último, el monumento dedicado únicamente a los hombres deportados españoles en el cementerio Pére Lachaise en París. Costó treinta años obtener una celda dedicada a las deportadas españolas en el campo de Ravensbrück.

Durante la resistencia, las mujeres tenían un nombre de guerra que conservamos como un título de honor pero enterradas muchas de ellas con el nombre civil, es imposible completar la identificación para la memoria histórica. Tampoco sabremos nunca el número exacto ni el nombre de las españolas que llegaron a Ravensbrück porque todos los ficheros del campo fueron destruidos por los nazis a la llegada de las tropas soviéticas. Las cenizas de muchas de estas mujeres se encuentran en el fondo del lago Schwedt, que las propias deportadas agrandaron con sus propias manos desnudas.

Además de continuar la recuperación de la memoria histórica de estas mujeres españolas, nuestro Amical tiene como objetivo según sus estatutos, la conservación de los lugares de memoria que, como Ravensbrück, corren peligro de desaparecer. Actualmente han desaparecido las barracas y solo queda en pie el edificio de la Komandantur, el de la prisión y el de los hornos crematorios. Si estos todavía existen es gracias a la tenacidad de las deportadas supervivientes que a través de sus entidades integradas en el Comité Internacional de Ravensbrück, han orquestado campañas internacionales de protesta en contra de proyectos y propuestas que puedan ocultar la existencia del campo como la construcción de una autopista que hubiera atravesado todo el campo. Recientemente, se ha descubierto el campo Jugenlager Uckermark de adolescentes que estaba enterrado. Wanda de Varsovia, gran historiadora de renombre mundial en un estudio sobre el trabajo cultural en los campos de concentración nazis, concluyó que el lugar en los que se hizo más cultura fue en los campos donde había mujeres, conclusión reconocida por los hombres deportados y por lo que hoy en día Ravensbrück es la Escuela Internacional para el estudio del problema de la deportación en general. En 1987, el Comité Internacional de Ravensbrück fue reconocido por las Naciones Unidas como mensajeras de la paz. En 1994, gracias a la ayuda del Institut Català de la Dona presidido entonces por Joaquima Alemany, pudo realizarse por primera vez en España, la reunión del Comité Internacional de Ravensbrück. Con motivo del sexagésimo aniversario de la liberación del campo en el año 2005, se organiza por primera vez una delegación oficial de nuestro país presidida por el conseller Joan Saura de la Generalitat de Catalunya que participa en el homenaje a las deportadas y al que asiste también el embajador español en Berlín señor Gabriel Busquets [...]. Gracias también a todas las personas aquí presentes, así como a Entidades y particulares que nos apoyan y han honrado la memoria de las mujeres de Ravensbrück y de todos los deportados, resistentes combatientes y represaliados del franquismo y del nazismo. Quisiera terminar manifestando mi respeto y admiración por todos aquellos que dentro y fuera del país lucharon por recuperar las libertades».

Yo acuso… y una foto basta

Durante las sesiones del proceso de Nuremberg —que tuvieron lugar entre el 14 de noviembre de 1945 y el 1 de octubre de 1946— un testimonio declaró que Ernst Kaltenbrünner, uno de los militares alemanes que se sentaban en el banquillo de los acusados, de haber estado en un campo de exterminio nazi a pesar de que este lo negó en diversas ocasiones a lo largo del juicio. El acusador presentó un documento definitivo, una foto en la cual se veía a Kaltenbrünner paseando al lado de Himmler por la cantera de Mauthausen. Klatenbrünner quedó retratado.

Ernst Kaltenbrünner, que había participado activamente en la anexión de Austria, sucedió a Reinhardt Heydrich como jefe de la Gestapo y de la RSHA (Oficina central de seguridad del Reich), lo cual significa que se convirtió en un estrecho colaborador de Himmler entre 1942 y 1945. Fue el organizador de la llamada operación Long Jump, que se proponía asesinar a los líderes aliados —Stalin, Churchill y Roosevelt— durante la conferencia de Teherán de 1943. Los servicios secretos soviéticos descubrieron el complot y no pasó nada. Al año siguiente, tras el frustrado atentado contra Hitler en el marco de la Operación Valquiria, fue designado responsable de las investigaciones que debían terminar

Escena correspondiente a los juicios de Nuremberg.

con la detención de todos los implicados. Su ascenso en el poder nazi era imparable y gozaba del afecto y del reconocimiento de Hitler. En diciembre de 1944 le fue concedida la Cruz de Caballero al mérito de guerra con espadas, es decir, la *Ritterkreuz des Kriegsverdienstkreuzes mit Schwertern* por sus servicios al Reich. Las tropas norteamericanas lo apresaron al final de la Segunda Guerra Mundial y fue puesto a disposición del tribunal militar internacional que se ocupaba de juzgar los crímenes de los nazis contra la humanidad en el proceso de Nuremberg. Los cargos que se presentaron contra él fueron: Asesinato en masa de civiles en los territorios ocupados a manos de los pelotones itinerantes de ejecución conocidos como los Einsatzgruppe; la deportación de los ciudadanos de los países ocupados por el trabajo forzado y la disciplina de los trabajos forzados; la ejecución de comandos y paracaidistas capturados, como también la protección de los civiles que lincharon a aviadores aliados derribados; la deportación a Alemania de civiles de países ocupados a fin de ser juzgados allí en secreto y después fusilados; la ejecución y confinamiento de personas en campos de concentración por los delitos presuntamente cometidos por sus familiares; la incautación y expolio de bienes públicos y privados, y el asesinato de prisioneros en las cárceles de la Gestapo y la SD y del Servicio de seguridad (SD). Declarado culpable, fue ahorcado el 16 de octubre de 1946.

El dedo acusador, el hombre que presentó una prueba irrefutable de la presencia de Ernst Kaltenbrünner en Mauthausen fue Francisco Boix, un joven catalán militante de las Juventudes Socialistas Unificadas de Cataluña que luchó en el ejército republicano durante la Guerra Civil española. En febrero de 1939, partió al exilio, en Francia, y fue internado en los campos de Vernet d'Ariège y de Septfonds, de donde marchó para formar parte de una compañía de trabajadores extranjeros integrada al ejército francés. Al cabo de poco más de un año, en mayo de 1940, las tropas alemanas lo apresaron. Tras una primera estancia en el campo para prisioneros de guerra de Fallingbostel llegó a Mauthausen a principios de 1941.

Durante el periodo de paz anterior a todos estos hechos, Boix había trabajado como fotógrafo y esta experiencia le llevó a integrarse al laboratorio fotográfico de Mauthausen. Los nazis decían de los presos republicanos españoles en Mauthausen que eran el grupo «cuyo retorno no interesa», de modo que, ante lo que allí acontecía se organizaron para que al menos algunos de ellos pudieran salir y contarlo. Así fue como el 22 de junio de 1941 crearon un comité de resistencia cuyo objetivo era salvar la vida de tantos de ellos como fuera posible por medio de la solidaridad, del robo de comida y de algo muy importante que llevaron a cabo con astucia: la sustitución de presos comunes alemanes en los puestos de responsabilidad por presos republicanos españoles. Fue de este modo como Boix llegó a integrarse al laboratorio fotográfico del campo. Allí logró hacerse con muchas fotografías ya que realizaba un cliché de más de cada foto. En ellas quedaba claramente reflejado el horror de Mauthausen y también los rostros de los responsables del campo y los cargos nazis que fueron hasta él para visitarlo. Los clichés que conseguía Boix estaban colgados en el laboratorio y un compañero debía descolgarlos a una hora ya fijada. En el exterior del laboratorio, bajo la ventana, otro compañero llevaba los clichés al barracón de desinfección en un paquete y allí otros compañeros se ocupaban de esconderlo. Llegado el momento oportuno, estos compañeros —siempre republicanos españoles— podían hacer llegar el paquete a los que trabajaban en la carpintería, los cuales ocultaban los valiosos clichés en las molduras de las puertas. Un grupo de adolescentes del campo, hijos de republicanos españoles, que salían del recinto de Mauthausen a trabajar en la empresa Poschacher —una de las muchas que contaban con mano de obra procedente de allí— se encargaron de sacar los clichés del campo. Además, estos valientes muchachos contactaron con Anna Poitner, miembro de la resistencia, quien escondió los clichés hasta el fin de la guerra en un hueco de un muro de su jardín.

Uno de esos jóvenes, Jacint Cortés, recordaba años después a la periodista y escritora Montserrat Roig la visita a Frau Poitner: «Hacia febrero o marzo de 1945, los de las SS nos dijeron que nos llevarían a Linz. Fui a casa de Anna Poitner, a quien llamábamos la abuela por lo mucho que nos había ayudado.

—Quiero pedirle un servicio —le dije — pero no está obligada…
—Lo haré —respondió con resolución.
—Es peligroso…

Y le expliqué que había que salvar las fotos. Me dijo que sí, que las esconderÍa. Se las llevé. Para que viera que no la engañaba, desenvolví el paquete y empecé a enseñarle las fotografías. La mujer quedó muy afectada cuando vio aquella serie de imágenes de gente torturada, ahorcada, fusilada, electrocutada. Le dije que cuando el campo fuese liberado, iría un compañero a buscar las fotos. Era Francisco Boix».

Y cuando Boix salió del campo tras la liberación en mayo de 1945, fue a ver a Frau Poitner, quien le entregó los preciados clichés.

Así pues, retomemos el hilo de la foto en la que aparece Kaltenbrünner paseando al lado de Himmler por la cantera de Mauthausen en el momento en que Boix acusa al criminal nazi de su responsabilidad ante el tribunal de Mauthausen con una prueba incontestable. Lo relataremos con fidelidad. El primero que interviene es el jurista francés Charles Dubost, procurador en el proceso, quien, dirigiéndose al tribunal dijo:

«El testigo que me propongo pedirle al Tribunal que escuche aclarará un punto pendiente desde hace varias semanas. El Tribunal recordará que cuando mis colegas presentaron sus pruebas, surgió la cuestión de saber si Kaltenbrünner había estado en Mauthausen. Para demostrarlo, voy a llamar al señor Boix, que demostrará al Tribunal que Kaltenbrünner estuvo en Mauthausen. Hizo fotografías, y el tribunal oirá su testimonio y verá las fotografías que el testigo ha traído consigo.

Boix subió al estrado y tras identificarse y jurar "hablar sin odio ni miedo, y decir la verdad, toda la verdad y nada más que la verdad". Se produjo entonces este diálogo entre el presidente del tribunal y Boix:

—¿Entregó usted a la comisión de investigación un cierto número de fotografías?

—Sí.

—Se van a proyectar en la pantalla y usted declarará bajo juramento en qué circunstancias y dónde se hicieron estas fotografías.

—Sí.

—¿Cómo hizo estas fotografías?

—Debido a mi experiencia profesional me enviaron en Mauthausen a trabajar en la sección de identificación del campo. Había una sección fotográfica y se podían tomar fotografías de todo lo que ocurría en el campo y enviarlas al Alto Mando en Berlín.

Entonces empezaron a proyectarse las fotografías y Boix las iba comentando:

—Esto es una vista general de la cantera.

—¿Es aquí donde trabajaban los internos?

—La mayoría de ellos.

—¿Dónde está la escalera?

—En la parte de atrás.

—¿Cuántos escalones había?

—Al principio había ciento sesenta escalones. Después fueron ciento ochenta y seis.

—Podemos pasar a la siguiente fotografía.

Llegó entonces el turno de la foto en la que aparecía Kaltenbrünner. A partir de ese momento apreciamos la memoria de Boix, que recordaba quien había hecho las fotos y quienes aparecían en ellas.

—Esta se hizo en la cantera durante una visita del Reichsführer Himmler, Kaltenbrünner, el gobernador de Linz y algunos otros líderes cuyos nombres no conozco. Lo que ven abajo es el cadáver de un hombre que había caído desde la parte de arriba de la cantera, y cada día caían algunos.

—Podemos pasar a la siguiente fotografía.

—Esta se tomó en abril de 1941. Mis camaradas españoles que habían buscado refugio en Francia empujan una vagoneta cargada de tierra. Ese es el trabajo que teníamos que hacer.

—¿Quién tomó esta fotografía?

—Paul Ricker, que entonces era un profesor de Essen.

—Podemos pasar a la siguiente.

—Esto es una fotografía de un austriaco que se había fugado. Era carpintero en el garaje, y se las arregló para hacer una caja, una caja en la que pudo esconderse para salir del campo. Pero poco después lo volvieron a capturar. Le pusieron en la carretilla en la que se llevaban los cadáveres al crematorio. Había algunos letreros que decían en alemán: "Todos los pájaros han vuelto". Fue sentenciado, y después desfiló delante de diez mil deportados con la música de una banda gitana. Cuando le colgaron, su cuerpo osciló con el viento mientras tocaban la *Polka del barril de cerveza*.

—La siguiente. En esta foto los españoles están a la izquierda, son más bajos.

—El hombre de delante con la boina es un criminal de Berlín de nombre Schulz que era empleado en estas ocasiones. Al fondo pueden ver al hombre al que van a colgar.

—La siguiente. ¿Quién hizo estas fotos?

—El Oberscharführer de las SS Fritz Kornac. Tropas americanas lo mataron en Holanda en 1944.

—Este hombre recibió un balazo en la cabeza. Lo colgaron para hacernos creer que se había suicidado y que había tratado de tirarse contra la alambrada. La otra fotografía muestra a unos judíos holandeses. Se tomó en el barracón de cuarentena. Los judíos se vieron empujados a lanzarse contra la alambrada el mismo día de su llegada porque se dieron cuenta de que no tenían ninguna posibilidad de escapar.

—¿Quién hizo estas fotografías?

—El Oberscharführer de las SS Paul Ricker.

—Siguiente.

—Son dos judíos holandeses. Pueden ver la estrella roja que llevaban. Eso fue un intento de fuga.

—¿Lo era en realidad?

—Los SS los enviaron a coger piedras cerca de la alambrada, y los guardias de las SS de la segunda alambrada les dispararon porque recibían una recompensa por cada hombre que paraban.

—La otra fotografía muestra a un judío en 1941 durante la construcción del campo ruso, que después se convirtió en el campo sanitario. Se colgó con el cordón que usaba para sujetarse los pantalones.

—¿Fue un suicidio?

—Eso se dijo. Era un hombre que ya no tenía esperanzas de escapar. Fue empujado a la desesperación por los trabajos forzados y las torturas.

—¿Qué es esta fotografía?

—Un judío cuya nacionalidad no conozco. Lo pusieron en un barril de agua hasta que no pudo soportarlo más. Lo golpearon hasta casi matarlo y le dieron diez minutos para ahorcarse. Usó su cinturón para hacerlo porque sabía lo que le ocurriría si no.

—¿Quién tomó esta fotografía?

—El Oberscharführer de las SS Paul Ricker.

—¿Y qué es esta fotografía?

—Aquí pueden ver a la policía de Viena visitando la cantera. Esto fue en junio o julio de 1941. Los dos deportados que ven aquí son dos de mis camaradas españoles.

—¿Qué están haciendo?

—Le están indicando a la policía cómo tenían que subir las piedras porque no había ningún aparato para hacerlo.

—¿Conocía a alguno de los policías que vinieron?

—No, porque solo vinieron una vez. Solo tuvimos tiempo de echarles un vistazo.

—La fecha de esta fotografía es septiembre de 1943, en el cumpleaños del Obersturmbannführer de las SS Franz Ziereis. Está rodeado de todo el personal del campo de Mauthausen. Puedo darles los nombres de todas las personas de la fotografía.

—Pasen a la fotografía siguiente.

—Esta es una fotografía tomada el mismo día del cumpleaños del Obersturmbannführer Franz Ziereis. El otro hombre era su adjunto, he olvidado su nombre. Cabe recordar que este adjunto era miembro de la Wehrmacht y se ponía uniforme de las SS en cuanto llegaba al campo.

—¿Qué es esta fotografía?

—Es la misma visita a Mauthausen de oficiales de policía en junio o julio de 1941. Es la puerta de la cocina. Los prisioneros que están ahí de pie habían sido enviados a la compañía disciplinaria. Usaban ese pequeño aparato en sus espaldas para llevar piedras de hasta ochenta kilos hasta que terminaban exhaustos. Muy pocos hombres volvían de la compañía disciplinaria.

[...]

—Esta foto en particular muestra la visita de Himmler a la Führerheim del Campo de Mauthausen en abril de 1941. Se ve a Himmler con el Gobernador de Linz al fondo y al Obersturmbannführer Ziereis, el oficial al mando del Campo de Mauthausen, a su izquierda.

[..].

—Esta es otra foto que se tomó en la cantera. En la parte del fondo a la izquierda pueden ver un grupo de deportados trabajando. En primer plano están Franz Ziereis, Himmler y el Obergruppenführer Kaltenbrunner. Lleva la insignia dorada del Partido.

—¿Esta foto se tomó en la cantera? ¿Quién la hizo?

—Una vez más el Oberscharführer de las SS Paul Ricker. Esto fue en abril o mayo de 1941. Este caballero visitaba frecuentemente el campo en ese tiempo para ver cómo se podían organizar campos similares en Alemania y en los países ocupados.

—He terminado. ¿Nos asegura que esta persona es realmente Kaltenbrunner?

—Lo aseguro.

—¿Y que esta foto se hizo en el campo?

—Lo aseguro.

—¿Le llevaron a Mauthausen como prisionero de guerra o como prisionero político?

—Como prisionero de guerra.

Continuó el diálogo entre el presidente del tribunal y Boix hasta que se levantó la sesión.»

Por entonces, Boix vivía en París. Allí trabajó como reportero gráfico para diversas publicaciones, entre ellas *L'humanité*. Recorrió Francia, Argelia, Grecia y lo que entonces era Checoslovaquia. En 1948 cubrió como reportero el Tour de Francia y fue entonces cuando se le manifestó una grave enfermedad. Fue operado pero su salud estaba muy deteriorada y murió en París prematuramente en 1951; había nacido en 1920, en Barcelona. Se sabe que escribió un libro donde relataba sus vivencias en Mauthausen. Su título era el nombre despectivo que los oficiales de las SS daban a los españoles, *Spaniaker*, y lo hizo llegar al escritor y periodista André Wurmser quien, según parece, lo entregó a un colega, Pierre Courtade. A partir de entonces se ha perdido la pista de un libro que, sin duda, despertaría un gran interés por su valor documental.

Una sublevación en Auschwitz

La resistencia en los campos nazis era prácticamente imposible además de extremadamente arriesgada. Sin embargo, hubo presos en ellos que se aventuraron a plantar cara como ya hemos apuntado en capítulos anteriores.

La famosa entrada al campo de Auschwitz con el lema «El trabajo os hará libres».

La resistencia en los campos solía organizarse a partir de grupos de presos de la misma nacionalidad o de ideología similar. Por supuesto era imprescindible tener confianza y ser acreedor de ella, además de asegurar que la información necesaria fuera divulgada de forma segura y selectiva. Cualquier error podía significar la muerte de diversas personas, implicadas o no en las acciones de la resistencia. Todo debía estar perfectamente planificado; no podía darse ni un solo paso en falso. Así pues, las acciones de la resistencia no podían ser individuales si pretendían tener cierto impacto o alguna garantía de éxito. Pero, como en todo, hubo excepciones. Un preso que se ocupaba de la ropa de los miembros de las SS que estaban enfermos, infectó los cuellos de sus uniformes con piojos portadores del tifus exantémico. Algunos de ellos murieron a consecuencia de la enfermedad y, según parece, el asunto no tuvo mayor trascendencia. En este sentido, a pesar de ser una acción individual de resistencia, el éxito la coronó. Bien distinta fue la que terminó con la vida de una prisionera a quien se le ocurrió devolver los golpes a un nazi que la maltrataba.

En Auschwitz hubo acciones organizadas de la resistencia que, por motivos distintos según el caso, fracasaron. Ejemplo de ello fue el intento de fuga que llevó a cabo Ernst Burger, jefe destacado de la resistencia en el campo, junto a otros compañeros. Burger, junto a otros dos presos,

Rudolf Friemel y Ludwig Vesely, fueron ahorcados. Pero la dura represión no pudo contener del todo a la resistencia y el 7 de octubre de 1944 tuvo lugar en Auschwitz la que posiblemente sea la más importante de las revueltas en un campo de concentración.

Un grupo numeroso de judíos —alrededor de cuatrocientos, en su mayoría húngaros y griegos— volaron uno de los crematorios y después atacaron a los vigilantes de las SS con granadas que ellos mismos habían fabricado para después intentar la fuga del campo. El crematorio quedó inutilizable, las SS perdieron a tres de sus hombres pero todos los implicados en el intento de fuga fueron fusilados.

El plan no fue un éxito ni mucho menos y sus consecuencias fueron fatales, pero no por ello cabe pensar que fue un acto espontáneo. En absoluto, este intento de fuga fue preparado con mucha anterioridad. Un grupo de mujeres judías que trabajaban en la fábrica de municiones Union de Auschwitz fueron suministrando pólvora, por supuesto de manera clandestina, a la resistencia del campo. Esta era una acción muy arriesgada y se prolongó durante medio año. Ellas entregaban la pólvora a un resistente que trabajaba en el almacén de ropa y este la ponía en manos de un comando especial que era el que planeó la acción. Después, los resistentes fabricaban las granadas. Una vez provistos del material necesario y trazado el plan, la acción se llevó a cabo con el triste resultado conocido.

Los nazis de Auschwitz no quedaron satisfechos con la muerte de todos los implicados en la fuga y realizaron exhaustivas investigaciones en torno a este hecho. Finalmente pudieron constatar que la pólvora de las granadas procedía de la fábrica Union y que fueron cuatro mujeres las que se encargaron de facilitarla a los resistentes. Las cuatro mujeres sufrieron terribles torturas pero no dijeron ni un solo nombre de la resistencia del campo. Finalmente, el 6 de enero de 1945, fueron ahorcadas. Faltaban solamente tres semanas para que el campo fuera liberado por soldados del ejército soviético y ellas fueron las cuatro últimas víctimas en morir ahorcadas allí.

De escondite a museo

Entre las innumerables historias de la resistencia, muchas de ellas tienen una vertiente humana que resulta ejemplar. Hubo personas que se caracterizaron por su compromiso con los perseguidos, con los desvalidos, con los que ya han perdido toda esperanza, con todos aquellos que, en fin, iban perdiendo su dignidad en una situación de absoluta injusticia y de total locura. A veces de un modo organizado incluso dentro de los campos nazis, en ocasiones guiados por altos ideales políticos, por convicciones religiosas, otras por solidaridad, por compasión incluso, pero siempre, aunque sus protagonistas no se lo propusieran, desde un heroísmo que desafiaba el miedo que imperaba.

La historia que vamos a contar ahora está protagonizada por una mujer que tiene un poco de todo: un poco de idealismo, otro poco de convicción religiosa, un mucho de dignidad y un muchísimo de solidaridad y humanidad. Esta mujer admirable se encontró en una situación difícil y la afrontó sin miedo, simplemente optó por buscar una solución independientemente de los problemas que ello le causara. Había alguien que necesitaba ayuda y allí estaba ella para dársela. Así de sencillo. Las cosas se complicaron también para ella pero en todo momento hizo lo que creía que debía hacer. Sin miedo y con humildad.

Nuestra heroína se llama Corrie ten Boom y la Segunda Guerra Mundial la sorprendió en su país, en Holanda, donde había nacido en 1892. Era profundamente religiosa siguiendo una antigua tradición familiar que los ligaba a la iglesia reformada del país. Su abuelo Willem había fundado, junto a Isaac da Costa, una sociedad sionista en Amsterdam. Da Costa, poeta e historiador del pueblo judío, era uno de los muchos holandeses de origen sefardita que huyeron de la península ibérica y se refugiaron en los Países Bajos a finales del siglo xv y principios del xvi. Y es que Holanda era, desde hacía siglos, un país abierto y acogedor, donde era posible profesar cualquier religión, fuera o no mayoritaria en tal o cual ciudad o en tal o cual pueblo. En Holanda convivían católicos, protestantes y judíos y eso fue algo que marcó a sus habitantes.

El abuelo de Corrie, Willem, era relojero de profesión y ella heredó este oficio tal como antes lo había hecho su padre. Y al igual que su abuelo y su padre, Corrie, que fue la primera mujer holandesa con licencia para ejercer de relojero, trabajaba en el taller familiar situado en la parte inferior de la casa donde vivía. Además de este trabajo, Corrie se dedicaba a dar clases bíblicas en diversos centros educativos públicos, así como en las escuelas dominicales animada por su profunda fe calvinista y se dedicó especialmente a niños con problemas de salud mental. Ante la invasión alemana, Corrie y su familia, tal como hicieron muchos otros holandeses se opusieron más o menos activamente a la ocupación. Pronto la Gestapo empezó a reclutar a todos los hombres de entre diecisiete y treinta años para trabajar en determinadas fábricas y en el ejército, y se había impuesto el toque de queda. El tradicional clima de tolerancia holandés peligraba y los holandeses asistían atónitos a una situación que nada tenía que ver con su modo de vida desde hacía siglos. Incluso fue prohibido el himno nacional, considerado el más antiguo del mundo y, por supuesto, las actividades humanitarias y religiosas de Corrie pasaron a ser clandestinas.

Cierto día del mes de mayo de 1942, acudió a casa de la familia Ten Boom una mujer de porte elegante y con una maleta en la mano. Estaba aterrada. Era judía y los nazis la buscaban y no podía permanecer en su casa. Su marido había sido detenido meses atrás, al igual que su hijo, pero sabía que este último había conseguido escapar. La familia de Corrie ya había acogido a una familia judía durante un tiempo y la mujer encontró allí refugio tal como otros lo encontraron también antes y después que ella como paso previo a la salida del país.

Los Ten Boom mandaron construir un cuarto secreto en su amplia casa, un escondite seguro y tan acogedor como era posible dadas las circunstancias. El cuarto, minúsculo, estaba en completa oscuridad. No había espacio para moverse. Podía acoger tan solo a seis personas de las cuales solamente dos podían sentarse y las otras cuatro debían permanecer de pie. Una falsa pared y un armario lo ocultaban. Los perseguidos eran escondidos allí a la menor sospecha pero el resto del tiempo participaban de la vida en la casa. Su estancia allí podía ser variable. Era un lugar de paso antes de la salida del país y por lo tanto podían permanecer en la casa unas pocas horas o varias semanas e incluso meses. Además de dar protección a los perseguidos y ocuparse de todo lo necesario para facilitar su fuga de Holanda, la familia de Corrie se ocupó de obtener alimentos, algo que distaba mucho de ser fácil. Entre la resistencia fue conocida la acción de los Ten Boom y otras familias hicieron lo propio, y Corrie se vio de pronto al frente de una organización formada por unas ochenta personas conocida como Beje, que era el nombre de la relojería familiar. Alrededor de ochocientos judíos salvaron su vida gracias a esta red, así como otros miembros de la resistencia y opositores a la ocupación en general se libraron de caer en manos de los nazis.

Pero el 28 de febrero de 1944 sucedió algo terrible. Un hombre llamó a la puerta del domicilio de los Ten Boom buscando ayuda. Decía que necesitaba dinero para sobornar a la policía a fin de lograr la liberación de su esposa, detenida por los nazis bajo la acusación de ocultar judíos. Corrie sospechó de aquel hombre pero decidió ayudarlo. Sus sospechas se confirmaron. Aquel individuo era un delator que colaboraba con los nazis. En poco tiempo, soldados alemanes invadieron la casa. En aquel momento, Betsie, hermana de Corrie, retiró de una de las ventanas una señal de alerta que los que buscaban refugio conocían bien. Si lo veían, podían acudir a la casa sin temor. Si no estaba, había problemas y lo mejor era escapar de las inmediaciones de la residencia de la familia Ten Boom. Los soldados se percataron de la estratagema y volvieron a colocar la señal en la misma ventana de donde Betsie la había retirado. Más de treinta personas que fueron llegando a la casa fueron detenidas pero los que estaban dentro de la casa —seis personas, una de las cuales con asma— pudieron ponerse a salvo en la habitación secreta mientras que Corrie y su hermana Betsie fueron interrogadas por la Gestapo con su brutalidad habitual. Ellas no dijeron nada sobre las personas que tenían escondidas y los nazis no hallaron a nadie en la casa ni dieron con el escondite pero sí que encontraron numerosas tarjetas de racionamiento —con las que lograban conseguir comida— y pasaportes falsos. Toda la familia fue detenida, no solo Corrie y Betsie sino también el hermano y la hermana de estas, Willem y Nollie; el padre, Casper, y el hijo de Nollie Peter.

La familia Ten Boom fue enviada a distintas cárceles y campos de concentración. El

La habitación escondida en casa de los Ten Boom.

padre, de ochenta y cuatro años de edad, murió al cabo de diez días. Willem, hermano de Corrie, también murió tiempo después. Corrie trabajó durante un tiempo para la fábrica Philips, que proveía de radios a los alemanes para sus aviones de combate. Por supuesto, saboteó tanto como pudo allí. Siempre junto a su hermana Betsie, tras pasar por distintos campos, fue enviada a Ravensbrück, por entonces sinónimo de muerte. Corrie se dio cuenta de que las terribles condiciones de trabajo, hambre y penurias de todo tipo que se vivían en el campo afectaba no solo al carácter de las personas que sufrían lo indecible allí sino también las relaciones entre estas, marcadas por la desconfianza, la envidia, el robo si era necesario para sobrevivir, la agresividad... era una situación de miseria humana verdaderamente terrible. Corrie se propuso aportar paz y confianza a quienes allí se encontraban y realmente lo consiguió gracias a su capacidad natural de liderazgo. Se hacía escuchar y además daba ejemplo con su actitud paciente y comprensiva. Su labor en este sentido fue admirable y pronto empezaron a darse muestras de solidaridad, de ternura e incluso de esperanza en un entorno tan adverso. Pero Betsie no resistió las durísimas condiciones de vida en Ravensbrück y murió allí pero Corrie sobrevivió. Salió del campo de un modo inesperado, gracias a un error burocrático.

Pocos días después de la muerte de Betsie, Corrie fue llamada por su nombre. Esto la extrañó ya que desde el primer momento en Ravensbrück era la prisionera 66.730. Tenía cincuenta y tres años y por error su nombre no figuraba en una lista de mujeres mayores de cincuenta años que debían ser exterminadas, las cuales, una semana después murieron en la cámara de gas. En cambio, ella estaba en otra lista, la de unas pocas mujeres que podían recuperar la libertad. Así pues, ese error le salvó la vida. Fue llevada al hospital para, una vez recuperada, abandonar el campo. Era el 25 de diciembre de 1944.

Regresó a Holanda y empezó a contar su experiencia en Ravensbrück, unida a sus firmes convicciones religiosas, en iglesias, cárceles, escuelas y universidades, una actividad que la llevó durante más de treinta años a más de sesenta países. En 1947, en la ciudad alemana de Múnich, al final de una de sus charlas se le acercó un hombre que ella reconoció de inmediato. Era uno de los guardianes de Ravensbrück, un personaje al que recordaba bien por su crueldad. Él le dijo que tras la guerra halló refugio en la religión y que creía que gozaba del perdón de

Dios. Ella, que tanto habló del perdón a lo largo de su vida, experimentó la comprensible dificultad de perdonar en aquel momento. Escribió al respecto: «Durante un largo momento nos estrechamos las manos, el antiguo guardia y la antigua prisionera. Nunca antes había sentido tan intensamente el amor de Dios como lo sentí en aquel momento».

Al año siguiente de su liberación fue publicado su primer libro, el cual versaba, naturalmente sobre esto. A este libro le siguieron otros muchos, todos ellos centrados en distintos aspectos de la fe pero siempre con la experiencia en Ravensbrück en particular y en la guerra en general bien presente. También fundó una casa de convalecencia en la ciudad holandesa de Bloemendaal en la cual hallaron reposo y atención algunos sobrevivientes de los campos de concentración. Tras sufrir una parálisis en 1978 murió cinco años después.

Desde 1988 la casa familiar de los Ten Boom es un museo que cuenta con una exposición permanente dedicada al movimiento de resistencia holandés.

Nadie le hizo caso

El 27 de enero de 2005 se conmemoraba el sesenta aniversario de la liberación del campo de concentración de Auschwitz-Birkenau. Precisamente el propio campo fue el lugar que acogió la ceremonia principal de recuerdo de tan señalada fecha y allí, el entonces ministro de asuntos exteriores de Polonia, Władysław Bartoszewski, dijo en un momento de su intervención: «El movimiento polaco de resistencia siguió informando y alertando al mundo libre sobre la situación. En el último trimestre de 1942, gracias al emisario polaco Jan Karski y a su misión, y también por otros medios, los gobiernos del Reino Unido y de los Estados Unidos estuvieron bien informados sobre lo que estaba ocurriendo en Auschwitz-Birkenau». Otra cosa es que actuaran, añadiríamos nosotros y, sin duda, también el propio Karski.

La mención a Jan Karski en tan solemne acto es un reconocimiento a la importantísima labor de este hombre durante la ocupación alemana de Polonia. Él fue uno de los máximos responsables de que el mundo supiera lo que allí estaba pasando, que fuera público que se estaban cometiendo atrocidades nunca vistas antes.

Jan Karski alertó sobre la aniquilación del pueblo judío
cuando aún había tiempo para detenerla.

Años después de estos hechos terribles Karski recordaba la situación
en la Polonia de entonces: «Los judíos fueron abandonados por todos.
Ahora muchos gobiernos y la Iglesia dicen: *Intentamos ayudarlos*. Pero
nadie hizo nada». Karski conocía bien aquella situación. Vio tantas cosas terribles que consagró su actividad durante aquellos años a darlas a
conocer. Fue enlace entre la resistencia polaca y el gobierno del país en
el exilio en un continuo ir y venir por Europa que le costó diversas detenciones, las cuales, como era habitual con la Gestapo de por medio, iban
acompañadas de salvajes torturas. Pero resistió. En Washington existe
una placa en su honor en la que se dice que «alertó sobre la aniquilación
del pueblo judío cuando aún había tiempo para detenerla». El caso es
que la reacción llegó, como reconocía el propio Karski, bastante tarde.
Ya lo dijo amargamente: «Pero nadie hizo nada».

Jan Karski, que en realidad se llamaba Jan Kozielewski, fue educado
como católico aunque creció en un entorno de mayoría judía en la ciudad polaca de Łódi. Tras terminar sus estudios se incorporó al cuerpo
diplomático de su país hasta que en 1939 pasó al ministerio de asuntos
exteriores de Polonia. Al iniciarse la Segunda Guerra Mundial fue movi-
lizado y pronto fue hecho prisionero por el ejército ruso. En un intercambio de prisioneros de guerra polacos fue entregado a los alemanes. Du-

rante el traslado de los prisioneros en tren, consiguió fugarse y llegar hasta Varsovia. Allí se comprometió activamente con la resistencia y adoptó el nombre de Jan Karski, aunque también utilizó otros pseudónimos, como Witold, Kucharski y Znamierowski, entre otros. Como hemos apuntado antes, su labor principal era dar informar al exterior de cuánto sucedía en la Polonia ocupada y a tal fin estuvo entrando y saliendo del gueto de Varsovia y de algún campo de concentración. Al campo de Belzec, por ejemplo, accedió disfrazado de guardia ucraniano y así pudo conocer de primera mano aquella realidad. Las informaciones de Karski llegaron a las altas instancias del gobierno polaco en el exilio y de allí a los aliados. Llegó incluso a entrevistarse con el presidente norteamericano Franklin Delano Roosevelt en un viaje que Karski realizó en 1943 durante el cual aprovechó para reunirse con otros muchos dirigentes y personajes notables aunque no siempre encontró comprensión. Tal fue el caso del importante juez Felix Frankfurter, por cierto, judío él mismo, quien dijo acerca del informe de Karski: «No dije que él estuviera mintiendo; dije que no podía creerle. Hay una diferencia». Tampoco encontró apoyo en la mayoría de medios de comunicación, entre las altas jerarquías de las distintas confesiones americanas ni entre personajes destacados de Hollywood, algo que hubiera sido, sin duda, de gran ayuda para su causa. A pesar de ello, Karsi se estableció en Estados Unidos al final de la guerra y en 1954 adoptó la nacionalidad norteamericana. Años después se reconocieron sus esfuerzos por intentar evitar el holocausto y su denuncia de una situación intolerable.

En 1995 declaró a la periodista Hannah Rosen: «Era fácil para los nazis matar judíos, porque lo hicieron. Los aliados consideraron imposible y demasiado costoso acudir en rescate de los judíos, porque no lo hicieron. Los judíos fueron abandonados por todos los gobiernos, jerarquías eclesiásticas y sociedades, pero miles de judíos sobrevivieron porque miles de individuos en Polonia, Francia, Bélgica, Dinamarca y Holanda ayudaron a salvar judíos. [...] No ayudaron, porque seis millones perecieron, pero quienes estaban en los gobiernos y en las iglesias sobrevivieron. Nadie hizo lo suficiente».

Bibliografía

Bédarida, François, y Bédarida, Renée, La persécution des juifs. En La France des années noires, tomo 2, Le Seuil, 1993.

Bernard, Henri, *Historia de la resistencia europea*, Martínez Roca, 1970.

Cassin, René, «L'accord Churchill-De Gaulle», *Revue de la France Libre*, n.° 29, junio de 1950.

Crémieux-Brilhac, Jean-Louis, «La France Libre», en *La France des années noires*, tomo 1, Editions du Seuil, 1993.

—, *La France libre*, Gallimard, 1996.

Curtis, Michael, *Verdict on Vichy. Power and Prejudice in the Vichy France Regime*, Arcade, 2003.

«De la France Libre à la France Combattante», Fondation de la France Libre, france-libre.net

Guckes, Jochen, «Le rôle des chemins de fer dans la déportation des Juifs de France», *Le Monde Juif*, 165, 1999, pp. 29-110.

Journal officiel de la France Combattante, n.° 9.

Kasten, Bernd, Franzosen, Gute, *Die französische Polizei und die deutsche Besatzungsmacht im besetzten Frankreich 1940-1944*, Thorbecke, Sigmaringen 1993.

Klarsfeld, Serge, *Vichy-Auschwitz: die Zusammenarbeit der deutschen und französischen Behörden bei der Endlösung der Judenfrage in Frankreich Greno*, Nördlingen, 1989; Darmstadt, 2007; Fayard, 1983, t. 2, 1943-1944, Fayard, 1985.

Meyer, Ahlrich, *Täter im Verhör. Die Endlösung der Judenfrage in Frankreich 1940-1944*, Darmstadt 2005.

Perrier, Guy, *12 résistantes qui on changé l'Histoire*, Pygmalion, 2013.

Rajsfus, Maurice, *La Police de Vichy. Les forces de l'ordre françaises au service de la Gestapo. 1940/1944*, Le Cherche Midi, 1995.

Shirer, William, *The rise and fall of the Third Reich: a history of nazi Germany*, Londres, Pan Books, 1976.

Thalmann, Rita, *Gleichschaltung in Frankreich 1940-1944 Aus dem Franz. von Eva Groepler*, Europäische Verlagsanstalt, 1999.

Toynbee, Arnold, *La Europa de Hitler*, Sarpe, 1985.

VV.AA., *Gran crònica de la Segunda Guerra Mundial*, Selecciones del Reader's Digest.

Web del United States Holocaust Memorial Museum de Washington DC.

Índice

HISTORIAS CURIOSAS DE LA
SEGUNDA GUERRA MUNDIAL